GENEVIÈVE DJÉNATI

Geneviève Djénati est psychologue clinicienne et psychothérapeute. Chargée de cours à l'université Paris-V, elle est responsable de la formation de psychologues scolaires à l'IUFM.
Elle est l'auteur de deux essais, *Psychanalyse des dessins animés* (L'Archipel 2001) et *Le prince charmant et le héros* (L'Archipel 2004).

Psychanalyse des dessins animés

POCKET *Évolution*

Des livres pour vous faciliter la vie !

Allen CARR
La méthode simple pour en finir avec la cigarette
La méthode simple pour les femmes qui veulent arrêter de fumer
Marie-Josèphe CHALLAMEL
Mon enfant dort mal
Stéphane CLERGET
Nos enfants aussi ont un sexe
Marie-Hélène COLSON
Réaliser sa sexualité
Jocelyne DAHAN
Se séparer sans se déchirer
Luce JANIN-DEVILLARS
Changer sa vie
Françoise DOLTO
La cause des adolescents
La cause des enfants
Thérèse ELLUL-FERRARI
130 recettes minceur en 5 à 10 minutes
Frédérique GRUYER
Du bonheur sexuel
Hugues LAGRANGE
Les adolescents, le sexe et l'amour
Gérard LOPEZ et Arianne CASANOVA
Cesser d'être une victime
Lee LOZOWICK
Le courage d'éduquer
Pierre PALLARDY
Et si ça venait du ventre ?
Marie-Danielle PIERRELÉE et Agnès BAUMIER
Pourquoi vos enfants s'ennuient en classe
Gérard POUSSIN
Rompre ces liens qui nous étouffent
Stéphane SZERMAN
Le guide du bien-être
Sami-Paul TAWIL
Le miroir de Janus
Maryse VAILLANT
L'adolescence au quotidien
Judith VIORST
Les renoncements nécessaires
Renoncez à tout contrôler !

Geneviève Djénati

Psychanalyse des dessins animés

Préface de Michel Ocelot

L'ARCHIPEL

ISBN 2-266-12758-6

À Pierre-Emmanuel et Aurélie

Sommaire

Préface

Le dessin animé a une réputation de divertissement anodin.

Elle est fausse.

Cet art a un passé riche et divers, ce médium dispose de toutes les puissances du cinéma, cette industrie a pris des proportions colossales. Elle a investi la vie quotidienne des enfants, qu'elle forme désormais, en bien et en mal. Aussi est-il important de considérer de quoi est fait ce « bombardement », qu'on soit parent, éducateur, réalisateur, programmateur ou spectateur.

Psychanalyse des dessins animés analyse toutes les facettes de ce phénomène : la nature très diverse des productions auxquelles les enfants ont accès, la compréhension et les besoins spécifiques aux divers âges, les effets pernicieux, les effets bénéfiques, le mercantilisme irresponsable, la gestion, avec les enfants, de ce foisonnement tel qu'il est.

L'engouement actuel pour le cinéma d'animation amènera de toute façon de bonnes choses, la révélation et le développement de nouveaux auteurs et producteurs, qui vont nous enrichir.

Mais notre belle magie, à nous les cinéastes, a ses limites. Quelle que soit l'excellence des films, Geneviève Djénati rappelle qu'il faut des humains en chair et en os, de vrais adultes bienveillants qui accompagnent les enfants physiquement et moralement.

Michel Ocelot

Introduction

Attention, les enfants regardent !

« Encore devant la télé ! Pourquoi ne vas-tu pas jouer ? »

Jeune père d'une trentaine d'années, François s'irrite de l'obstination passive de son fils Pierre, un bambin de trois ans. À cet âge, estime-t-il, un enfant a besoin de se dépenser physiquement. Sa santé en dépend. Pierre, les yeux fixés sur le petit écran, n'a même pas entendu la recommandation paternelle. Il est vrai que l'instant est dramatique. Sacha, le dresseur de Pokémon, va lancer le combat contre un vilain monstre. L'enfant, qui s'attribue volontiers le courage de son cher héros, n'ignore pas l'issue du combat, mais en suivre de nouveau les péripéties est un plaisir dont il ne se lasse pas. Impossible de l'arracher à cette histoire palpitante qui, par la magie du magnétoscope, se déroule sous ses yeux.

Déconfit de son insuccès, le père interroge : « Je me demande ce que tu peux trouver à cette cassette, tu la connais par cœur… » Silence dans l'auditoire. Pour quelles raisons un enfant se laisse-t-il captiver par l'écran de la télévision au point d'en faire souvent son passe-temps favori ? Pourquoi ce loisir est-il souvent la cause de conflits familiaux ? Ces questions, tous les parents se les posent, sans toujours trouver de réponses satisfaisantes.

Consciemment ou non, le choc des images se répercute sur notre esprit. Projetées sur un écran, animées, elles prennent une force accrue qui ne nous laisse pas insensibles. Et les enfants ? Comment les reçoivent-ils ? Comment modifient-elles la perception de ce qui les entoure, leur comportement ?

À travers le dessin animé, vecteur apparemment inoffensif, nous nous proposons de déterminer, en fonction du développement de l'enfant, ce qui en fait un objet ludique et éducatif d'une valeur non négligeable. Le temps passé par les enfants devant le petit écran et leur consommation de dessins animés vont croissant. En conséquence, et en regard de l'équilibre des petits, l'utilisation et la banalisation du dessin animé méritent une sérieuse attention.

De récentes études — dont celle de Serge Tisseron sur la violence télévisuelle[1] — démontrent que les images de fiction, y compris celles du film d'animation, ont un impact puissant sur le psychisme des jeunes, au même titre que les images réalistes du journal télévisé. Chez les enfants, fiction et réalité se rejoignent en une vision provoquant un notable remaniement psychique. Il appartient donc aux adultes responsables, parents, grands-parents et éducateurs, de sélectionner, en fonction de l'âge et des capacités psychiques, les films dont ils auront vérifié la qualité avant de les mettre au programme des jeunes spectateurs.

Cet ouvrage veut dégager une synthèse utile, en établissant un lien entre les caractéristiques du développement de la personnalité enfantine et celles des productions de films de fiction. Synthèse qui insistera sur l'attitude adéquate des adultes face à l'influence que provoquent les images animées sur le comportement des enfants.

---

1. Serge Tisseron, *Enfants sous influence. Les écrans rendent-ils les jeunes violents ?*, Armand Colin, 2000.

Jacques Prévert disait : « On ne peut pas raconter un dessin animé. C'est comme une orange, on ne peut pas raconter une orange : on peut l'éplucher, la manger, et c'est tout. » Nous oserons cependant ajouter qu'il est parfois nécessaire de sélectionner les oranges avant de les éplucher pour mieux les déguster ! À cet effet, des fiches détaillant les principales caractéristiques des dessins animés cités sont disponibles en fin d'ouvrage.

1

La puissance de l'image

« Ce ne sont pas les images qui font un film mais l'âme des images. »

(Abel Gance)

L'image dans la vie moderne : un monde sous influence

Peut-on concevoir un monde sans images ? Un monde privé d'informations diffusées par la presse, le cinéma, la télévision ? Avec des murs nus, sans affiches ; des colonnes Morris aveugles ? Notre œil s'est tellement familiarisé avec ce foisonnement optique que nous l'avons banalisé. L'image a pénétré notre vie, elle en fait partie intégrante. Elle n'y est pas entrée par effraction, elle a fait lentement son chemin. Aussi loin que l'on remonte dans le temps, sa présence s'impose, illustration du quotidien ou hommage à des faits glorieux.

Pour laisser une trace de son passage, la main de l'homme préhistorique reproduisait ce que son œil découvrait. Gravés sur les murs de cavernes qu'il n'habitait pas, ses dessins transmettaient le balbutiement d'un savoir qui allait s'affirmer et progresser. Les fresques, les bas-reliefs des Égyptiens ressortissent à ce même besoin de transmission. Les travaux des archéologues et des ethnologues qui les ont interprétés nous donnent la clef de la compréhension. Symboles de l'humanité en marche, ces œuvres graphiques nous permettent de mieux cerner, en les visualisant, les civilisations qui se sont succédé.

Transmettre, conserver ont toujours été au premier plan des préoccupations humaines. Épris de sa beauté, Narcisse se mirait longuement dans l'eau d'une fontaine. Devant son incapacité à sauvegarder cette vision éphémère, le bel adolescent mourut de désespoir. Témoins de leur temps, les peintres, les sculpteurs ont constamment rendu compte de l'existence et des mentalités de leurs contemporains. Les bâtisseurs de cathédrales imposèrent le mysticisme du Moyen Âge. La Renaissance, à travers François Ier, vit la floraison de châteaux dont l'élégance exprime la révolution artistique de l'époque. À Versailles, Louis XIV marqua son territoire dans la grandeur et une magnificence à son image. Napoléon poussa très loin son goût du faste, de l'apparat et, avec Haussmann, fut mise en relief, mêlée à un urbanisme pragmatique, la pompe solennelle du second Empire.

Aujourd'hui, l'image n'a pas dévié de sa mission informative. Avec les nouvelles technologies, la transmission s'est amplifiée, s'est dotée d'une promptitude dont nous ne nous étonnons même plus. À cent lieues de l'émerveillement du badaud de 1900 devant la « fée électricité », nous admettons et trouvons naturel cet outil rapide de la connaissance. Mais, si le spectateur s'intéresse moins au fond qu'à la forme, les spécialistes ne manquent pas d'exploiter ce qui frappe le regard. Publicitaires et hommes de communication l'utilisent en associant, entre autres, le logo d'une marque à son *identification* immédiate. L'image, quelle qu'elle soit, a envahi notre univers. Nous en subissons l'emprise, comme ses conséquences sur nos mœurs, sur les différentes façons d'appréhender notre vie intellectuelle et matérielle. Que nous soyons ou non réticents, force nous est de l'accepter : nous vivons dans un monde sous influence.

Entraînés à cette explosion d'images, nous en sommes devenus les victimes consentantes, ce qui n'exclut nullement le jugement. Intruse pour certains, amie ou compagnon de route pour d'autres, la télévision a insensiblement modifié les mentalités. Nous utilisons l'image comme moyen rapide de connaissance, de manière tellement banale que nous n'en avons pas toujours conscience. La rapidité et l'abondance mettent parfois un frein à la justesse de l'opinion.

Au cours de la projection d'un film, si nous prenons le temps d'en analyser le style et le scénario, nous sommes capables de trouver son origine et même la nationalité de son créateur. Dans le cadre du dessin animé, personne ne confondrait un Walt Disney américain, un Paul Grimault français avec une production tchèque ou japonaise. Le style d'une œuvre, fixe ou animée, transmet par lui-même un message qui exprime la personnalité et l'imagination de son auteur.

Devenue un objet culturel partageable, toute production de cinéma ou de télévision influe sur la formation des esprits. Nombre de parents s'insurgent avec raison contre la violence télévisuelle, trop présente dans certaines émissions. Au nom de l'efficacité, les auteurs de ces émissions usent des moyens les plus extrêmes, imposent la force, ignorent le respect pour la vie d'autrui. Sans état d'âme, le héros élimine froidement le méchant… avec l'inconsciente complicité du spectateur.

Cette « transgression de l'ordre établi[1] » se retrouve dans des séries aux couleurs d'innocentes distractions. *Superman, Robocop, Kent le survivant*, dont la force surhumaine du héros fait l'admiration des jeunes, ont tout pour plaire à des adolescents avides d'aventures qui en minimisent l'exploit sanglant puisque c'est « pour la bonne cause » ! Cette perte de repères n'est pas sans répercussion et perturbe le fonctionnement de la pensée.

Soucieux de faire de l'audience, les producteurs de tels programmes font l'impasse sur l'intérêt moral, pédagogique et éducatif. Qu'importent la pauvreté affligeante du récit, la violence récurrente. Leur seul objectif : capter l'attention et la fidélité du spectateur. Cette mainmise de

1. Divina Frau-Meigs, Sophie Jehel, *Les Écrans de la violence. Enjeux économiques et responsabilités sociales*, Économica, 1997.

la télévision sur les enfants est une mine pour qui sait s'en servir. Les spécialistes du marché en font leur miel, qui, astucieusement, ciblent leurs actions publicitaires sur le jeune public. La plupart du temps, au moment des achats, les parents finissent par céder devant l'insistance des jeunes consommateurs.

Le « vu à la télé » porte ses fruits.

L'image dans la vie de l'enfant

« Peut-être un cow-boy ! Peut-être un cow-boy ! »

Pierre, trois ans, trépigne, haletant d'espoir, d'excitation. Assis devant le poste de télévision familial, il suit, comme tous les soirs, l'émission pour la jeunesse avant d'aller se coucher. Pierre est attaché à ce rituel, l'en priver déclencherait un gros chagrin. Les images qui défilent sur l'écran le fascinent d'autant plus qu'elles appartiennent à son univers familier, au même titre que les repas, la toilette, les câlins, les chagrins, les jeux…

Pourquoi aspire-t-il ainsi à voir un cow-boy apparaître à l'écran, comme par enchantement ? La raison en est simple. Il y a peu, au jardin d'enfants, un « grand » de cinq ans a pris sa défense dans une querelle. Comme l'aurait fait Lucky Luke, le héros valeureux ! Ensuite, le vaillant « cow-boy » lui a offert son pistolet en plastique. Depuis, Pierre ne se sépare plus de ce jouet, gage d'amitié, devenu son porte-bonheur, sa mascotte. Et si, tel un magicien sortant un lapin de son chapeau, l'écran matérialisait Lucky Luke, l'enfant retrouverait cet instant de plaisir qui, maintenant, fait partie de sa vie. Il l'espère. Il l'attend. Dans son imaginaire, le « grand » du jardin d'enfants et le cow-boy sur l'écran se confondent. Fiction et réalité ne font qu'un.

Fragile, malléable, l'enfant « avale » tout ce que le petit écran lui propose. Au grand dam des parents qui souvent souhaiteraient, des chaînes, une option de programmes plus judicieuse, plus saine. C'est compter sans les impératifs économiques. Les vœux reposant sur la morale ne font pas bon ménage avec les subtilités financières. Au nom de la sacro-sainte audience, les producteurs des émissions pour la jeunesse ont besoin d'anticiper les éventuelles suites de tel ou tel film. Par l'intermédiaire des sondages, ils en appellent non pas au souhait des téléspectateurs mais à leur avis sur ce qu'ils ont déjà vu. Les sondages pratiqués auprès des deux mille foyers représentatifs le sont sur du « déjà vu ». La diffusion d'une série thématique ne se poursuivra que si les réactions recueillies à la suite d'un premier passage à l'antenne sont en sa faveur. Si les résultats de ces enquêtes sont satisfaisants, l'émission sera diffusée. Dans le cas contraire, elle passera à la trappe — peut-être pour des années —, dans l'attente d'une vente aléatoire à un pays moins regardant.

En France, il est notoirement établi que, plus les enfants sont jeunes, moins ils regardent la télévision. Avant dix ans, ils lui consacrent moins de deux heures par jour. Aussi, les études ciblées ignorent-elles les petits de moins de quatre ans[1].

Toutes les chaînes essayent de fidéliser les jeunes spectateurs. Dans ce but, Canal J passe ses programmes en boucle, de 6 h 30 à 21 heures. Aucun animateur, une « mascotte » annonce les différentes émissions qui défilent sans interruption. Par ailleurs, s'élève une voix off à l'attention des parents souhaitant retransmettre eux-mêmes l'information à leurs enfants. On ne saurait qu'approuver cette dernière initiative, qui vise à redonner aux parents leur place naturelle d'accompagnateurs.

Catégorisés par tranches d'âge, les jeunes téléspectateurs font l'objet d'études appropriées. La différenciation s'établit sous plusieurs formes :

— l'horaire ;
— la durée des programmes ;
— le contenu.

1. Entrevue avec T. Sorel, adjoint au directeur des programmes de Canal J et Tiji.

L'horaire

Toutes chaînes confondues, les programmes commencent tôt le matin, pour les plus petits, bien avant leur départ pour l'école maternelle et avant le départ des parents pour leur travail. C'est souvent une source de conflit matinal, qui, de surcroît, ne favorise pas la présence parentale. La nouvelle chaîne Tiji — issue de Canal J et qui passe en boucle des programmes pour les petits de deux à six ans — étudie un aménagement plus aisé de ses programmes. Il va de soi que toutes les chaînes tiennent compte du calendrier scolaire. Lors des congés hebdomadaires, des vacances, elles diffusent des programmes plus spécifiquement conçus pour les enfants.

La durée des programmes

Elle dépend de la capacité d'attention des enfants qui varie de cinq minutes à une demi-heure — les éducateurs n'ignorent pas combien il est difficile d'arracher un petit passionné de télévision à la fin d'un dessin animé, quand le programme se poursuit indéfiniment. Plus que la durée des épisodes, le déroulement en continu des émissions, pratiqué surtout par les chaînes thématiques réservées aux enfants, est préoccupant.

Le contenu

On entre là dans le domaine le plus controversé des programmes. La Suède et le Danemark ont, en partie, résolu le problème, et de façon drastique : la publicité pour les enfants y est interdite. En France, la question est à l'étude. Les chaînes françaises s'attachent à fabriquer une télévision qui intéresserait petits et grands, filles et garçons. Pari difficile à tenir. Dans un dessin animé, les capacités réceptives des petits réclament un trait plus gros, un rythme plus lent. De plus, la durée d'attention et le degré de compréhension du scénario diffèrent selon l'âge. Sur Canal +, les *Télétubbies* font la joie des tout-petits. Adapter cette série aux dix-douze ans confine à l'utopie, les préadolescents n'auraient que dédain pour ces minuscules créatures pépiantes et les petits seraient désorientés par l'humour ravageur des *Simpson*.

Il est exceptionnel qu'un dessin animé fasse l'unanimité. Dans le paysage actuel, *Kirikou et la sorcière* semble l'un des rares à émerveiller petits et grands — et même les très grands ! Jusque dans les années quatre-vingt-dix, le super-héros régnait en maître dans les films d'animation. *Goldorak, Dragon Ball Z, Batman* sévissaient en toute brutalité triomphante. Cette tendance s'est heureusement infléchie. Là encore, des associations sont intervenues pour s'insurger contre cet abus de violence. Après étude et arbitrage du CSA, *Dragon Ball Z* fut même interdit d'antenne.

Pour parer à de tels aléas et respecter — à peu près — leur cahier des charges sans encourir les foudres du CSA, les chaînes ont tout intérêt à inscrire le divertissement pur en tête de leur programmation. Les enfants veulent d'abord s'amuser. Certaines formes d'humour leur sont toutefois inaccessibles. Un adulte peut s'esclaffer devant une scène absurde, une satire, une raillerie plus ou moins cruelle. Pas un jeune enfant, que son goût porte vers les péripéties simples, cocasses, voire ridicules, où le langage importe peu. Jusqu'à douze ans, l'enfant apprécie essentiellement le comique de situation.

Afin d'approcher au plus près les pôles d'intérêt du jeune public, des « spécialistes » élaborent des tactiques et livrent leur diagnostic à des ateliers d'écriture qui conçoivent le scénario. On aimerait que le résultat fût toujours à la hauteur des moyens mis en œuvre. La qualité ne dépend pas essentiellement du budget : la multiplicité des rediffusions amortit les investissements.

La télévision s'est taillé une place de choix dans notre société. Longtemps dédaignée par les intellectuels, elle est parvenue à s'imposer au quotidien, à susciter l'intérêt collectif. L'enfant est l'usager le plus assidu de la boîte magique. D'où l'embarras des parents qui s'alarment de cet empiétement sur la communication au sein du cercle familial. Plutôt que d'investir le petit écran de pouvoirs négatifs, il est plus salutaire de s'en faire un allié, de s'en servir pour inciter l'enfant à imaginer, à se créer ses propres représentations. De s'appuyer éventuellement sur certaines histoires télévisuelles pour donner envie de les retrouver dans un livre, voire un album d'images pour les tout-petits, et inversement.

Des mots à l'image, de l'image aux mots, les liens se forment.

L'image d'animation, une technique au service de l'illusion

Que de chemin parcouru depuis le praxinoscope d'Émile Reynaud, en 1877 ! Cinq ans plus tard, ce pionnier[1] ajoutait une lanterne magique à ses pantomimes lumineuses et créait le théâtre optique, ancêtre des *cartoons*. Il ne manquait plus que l'invention des frères Lumière pour que les images demeurent fixées sur la pellicule.

À l'aube de la technique, les dessins, peints à la gouache sur des feuilles transparentes de celluloïd, puis filmées, reproduisaient les stades du mouvement. La cadence en était saccadée, à l'instar de tous les films à épisodes d'alors, œuvres tâtonnantes d'artistes bricoleurs, plaisir noble de la création d'un monde imaginé. Le procédé s'est considérablement amélioré, bien qu'une méthode artisanale demeure : le dessinateur travaille toujours devant un miroir qui lui renvoie son reflet, animé des différentes mimiques qu'il reproduira sur sa planche à dessin ou son ordinateur. Ce dessinateur serait étonné d'apprendre qu'il renouvelle, à son niveau et professionnellement, le mythe de Narcisse.

Se voir, se représenter est une quête universelle. La Galerie des Glaces à Versailles, les monnaies frappées à

1. Il ne fut pas le seul. Demeny, Plateau, Marey, Edison et bien d'autres firent de même.

l'effigie des hommes de pouvoir, les portraits, les sculptures dénotent cette même aspiration. Jacques Lacan nomme *stade du miroir**[1], à l'échelle individuelle, l'étape structurante d'un enfant face, pour la première fois, à son reflet et le processus de développement qui s'ensuit. Prise de conscience de son appartenance à l'espèce humaine. Puis, ouverture au symbole (je suis comme...). Enfin, accession au langage.

À ce stade, l'enfant amorce le passage du sensible à l'intelligible. Ce qu'il perçoit sera conservé sous forme d'une représentation mentale et deviendra une idée. L'interaction perception/idée est en place et l'intelligence va se construire sur la capacité à faire les liens entre les choses sensibles, formes variées des idées transmises symboliquement par les mots.

Les grimaces d'un enfant devant une glace appartiennent au plaisir de voir bouger son image. Depuis la lanterne magique, des visionnaires ont toujours ambitionné de faire bouger ce qui était inanimé, et la naissance du cinématographe fut l'aboutissement de leurs longues recherches. Longtemps, l'image animée ne fut qu'un rêve, comme celui de voler ou de maîtriser le temps et la mort. Donner vie à la matière statique relève d'une sorte de magie proche de la toute-puissance.

Par le biais de la fiction, l'image animée fait surgir chimère et insolite dans le quotidien. Le merveilleux y a sa place, aux côtés du fantastique et du surnaturel.

*L'animisme**, tendance normale dans le développement du jeune enfant, attribue aux objets des qualités humaines et des intentions qui peuvent être à l'origine de ses cauchemars. Voir des animaux, des plantes ou des jouets doués de parole, aller et venir comme tout un chacun, n'est pas fait pour le surprendre le jour. Mais les émotions refoulées peuvent faire retour sous forme d'angoisse ou de rêves inquiétants à thématiques morbides.

---

1. Les termes en italiques suivis d'un astérisque reportent au glossaire, page 215.

L'extension des émissions et des cassettes interactives, des jeux vidéo si prisés des adolescents, tient sans doute à cette conception toute-puissante du monde de la première enfance. Les créateurs de dessins animés qui pratiquent l'anthropomorphisme utilisent cette vision magique infantile et expriment ainsi les traces qu'elle a laissées en eux.

Ces dernières années, le virtuel fut un nouveau grand bond en avant. En introduisant la troisième dimension dans l'animation, il accentue l'apparence du réel, tandis que son mixage avec l'image filmée le rend imperceptible au spectateur. Il faut un œil singulièrement averti pour distinguer, dans *Titanic*, les images d'archives, celles du tournage et les images de synthèse. Un tout qui, par la patte de James Cameron, son metteur en scène, aidé par une technologie de haut niveau, reconstitue le plus célèbre naufrage du XXe siècle.

Souvent charmante progéniture du crayon et de la pellicule, le dessin animé se métamorphose parfois en véhicule de *fantasmes** appartenant au monde des adultes, comme par exemple les films de Tex Avery du type *Betty Boop*. À force de technicité, les limites ont été reculées et faire mentir les images n'est plus impossible : nous baignons dans le paradoxe d'un visible de plus en plus proche de l'illusion.

L'illusion, seule une conscience mature la décèle, sait faire la part du fictionnel, l'apprécie, et peut en jouer. L'enfant, lui, n'a pas les outils nécessaires à cette gymnastique de l'esprit. Au cinéma comme à la maison, il parvient difficilement à stopper sa fascination pour l'écran. Son identification au héros de la série, qu'il a sous les yeux, l'isole du monde extérieur. Le retour à la réalité est souvent bien difficile, mettant les parents dans l'embarras, quand les réactions des enfants restent indéchiffrables parce qu'impossibles à verbaliser. Cependant, une fois l'émotion exprimée, les tensions s'apaisent.

2

Caractéristiques psychologiques du dessin animé

5

Un impératif de la création : savoir comment pensent les enfants

Griffith, l'un des pionniers du cinéma américain *(Intolérance, Naissance d'une nation...)*, interrogé par de jeunes réalisateurs sur les qualités nécessaires à un « bon » film, répondait sans hésitation : « Faites rire, faites pleurer. » Au chapitre des émotions, on pourrait ajouter : « Faites peur », mais le délicieux frisson de l'étrange n'est apprécié que par l'adulte. Le film noir a ses fervents, comme le film d'épouvante ou d'horreur. Brèves incursions au royaume de l'effroi, désamorcées cependant par la surenchère des effets spéciaux qui n'impressionnent plus autant. Pour les enfants, il en va tout autrement. Leur sensibilité, leur crédulité s'accommodent mal des images effrayantes. Comment soupçonneraient-ils la présence de trucages derrière l'apparente vraisemblance du scénario ?

Le dessin animé, en général, se prête à merveille aux outrances graphiques. Son créateur peut, en toute quiétude, laisser son imagination se débrider sans contrainte. Seule compte la dimension artistique, motivation consciente qui sous-tend son travail. S'adressant à de jeunes spectateurs, le dessin implique une dimension supplémentaire. Les raisons inconscientes qui entrent en jeu font référence pour le créateur à sa propre enfance. Ses désirs, mais aussi ses craintes, ses questionnements vont affleurer dans son œuvre, lui donnant sa singularité. Consciemment ou inconsciemment, l'enfant qu'il a été est le destinataire de sa création, « l'enfant de dix ans qu'il a été », comme a pu le dire Michel Ocelot. En d'autres termes :

Le meilleur inspirateur du créateur, c'est lui-même.

« Quand j'étais petit(e)… », disent les adultes. « C'était comment, quand tu étais petit(e) ? », questionnent les enfants. Quel dommage quand ces remémorations sont impossibles ! Car, à travers elles, se construisent et se transmettent les souvenirs qui placent l'enfant en terrain sûr, lui donnent le sentiment d'exister.

Il arrive que la mémoire défaille, laissant un vide dans les souvenirs. Les expériences vécues, les désirs constructeurs de vie, les manques, le besoin de questionner s'estompent. C'est grand dommage car ce retour sur soi-même, riche d'interrogations, de doutes, d'essais, d'erreurs, fait grandir, ouvre la voie à l'adulte en devenir, permet d'être de plus en plus acteur de son existence.

Bien souvent, un père, une mère, se représente idéalement son enfant, toujours en progrès. C'est oublier que le meilleur développement de la personnalité ne peut s'opérer qu'en référence à de l'« antérieur », à un passé resté en mémoire, soubassement de progrès futurs. Il est plus facile de comprendre ce principe à travers la motricité de l'enfant, quoique l'évolution du psychisme ressortisse aux mêmes paramètres. Un exemple simple : l'apprentissage de la marche. La marche debout, d'un point à un autre, s'effectue par étapes, avec des régressions à la marche à quatre pattes si des expériences de chute remettent en question la stabilité du bébé. Retourner au stade antérieur, sécurisant, pour réitérer le geste qui a précédemment fait douter de soi, finit par affermir l'assurance.

Le même processus s'exerce lorsque les aptitudes intellectuelles sont soumises au doute. Riches en hypothèses, ces périodes d'incertitude sont les plus fécondes. Elles donnent corps au psychisme de l'individu, en font un être spécifique.

Un adulte qui s'adresse aux enfants doit avoir en tête la manière dont pensent ces derniers.

Lors de la projection d'un dessin animé, l'observation des réactions donne un éclairage sur les préférences du jeune public :

— le film doit répondre à la curiosité de l'enfant ;

— il doit permettre une identification aux héros ;

— il doit conserver une part de mystère ;

— enfin, les émotions des personnages doivent être partageables.

Un dessin animé apprécié fait donc appel aux archétypes de l'imaginaire universel, tels que Jung les a décrits dans *Métamorphoses de l'âme*.

Pour un créateur de dessin animé, se souvenir et redécouvrir le monde comme un enfant réclame une rare capacité d'émerveillement. Associée aux connaissances adultes et au souhait de transmettre, cette qualité remplit les conditions que nécessite tout métier relatif à l'enfance.

Pour que le message passe : références au « connu » et au « vécu »

Toute transmission d'un message dépend de son contenu et correspond à la réponse à deux questions : « Qu'est-ce que c'est ? », qui se réfère à un savoir, et

« Comment ? », en référence à un vécu. Sur un même canevas, une histoire peut prendre des orientations différentes, selon qui la raconte et en fonction de la capacité réceptive de l'auditoire. Aussi est-il indispensable de disposer d'un minimum d'informations sur l'interlocuteur, le récepteur du message. Toutes les théories de la communication et des médias sont fondées sur ce postulat, dans le but de toucher un public ciblé. S'adresser à des enfants nécessite de connaître, en profondeur, à la fois leurs centres d'intérêt et leurs façons de s'approprier les informations.

Nous venons de voir ce qui caractérise une production que les enfants estiment satisfaisante. Les deux catégories de réponses sont d'ordre intellectuel, concernant les connaissances, et d'ordre affectif, relatives aux émotions. Selon ce critère, les images d'un dessin animé se doivent d'inclure les deux catégories de réponses : renfermer un contenu intéressant et susciter des « ressentis » qui relèvent autant du film que de la personnalité du jeune spectateur.

Mme B. est une mère attentionnée, bienveillante. Pour faire plaisir à Sophie, sa fillette de six ans, elle l'emmène à la projection d'un film d'animation. Elle en sort décontenancée par la mine renfrognée de l'enfant. « Elle était bien jolie, la princesse, hasarde-t-elle à la sortie. — Oui, mais sa robe était moche ! tranche Sophie. » D'abord sidérée, Mme B. se rassure : son enfant a des goûts affirmés sur la mode, donc elle grandit, affiche un sens critique. Mme B. n'ignore pourtant pas la déconcertante versatilité enfantine. Souvent, ce qui était vrai hier ne l'est plus aujourd'hui et aura encore changé le lendemain. C'est ainsi que se formera le jugement. Le souvenir de son propre fonctionnement au même âge permet à l'adulte de saisir celui de l'enfant, d'en décoder le « comment ».

Aussi anodine que puisse paraître une séance de dessin animé avec un enfant, il est préférable d'avoir en tête ses caractéristiques propres.

Comment nous transmettons est aussi ce que nous transmettons.

Lors de notre scolarité, nous avons tous marqué une préférence pour un certain professeur, qui donnait l'impression de s'adresser individuellement à chaque élève. À la sortie du cours, chacun avait, sans effort, assimilé sa leçon. Cette transmission personnalisée du savoir ajoute de l'émotion au désir d'apprendre : entre l'enseignant et les enseignés, le message passe.

Certes, l'enjeu n'est pas le même en ce qui concerne les loisirs et en particulier le cinéma. Toutefois, il est des dessins animés de notre enfance que nous n'avons pas oubliés. Nous en retrouvons avec bonheur les images, fortement imprimées dans notre mémoire, les dialogues toujours présents. Chacun possède sa propre panoplie d'images, ses personnages de prédilection. Certains dessins animés ont réussi l'exploit d'intéresser et de fédérer toute une génération. Par leur capacité à associer contenu informatif et enveloppe émotionnelle, ils offrent au spectateur le plaisir du fonctionnement mental cohérent, confirmé par les échanges verbaux qui s'ensuivront. Dans le cas contraire, la déception se traduira par une désaffection qui n'échappera pas aux éducateurs, ou par un surcroît de tension qui alarmera également et devra être interprété comme un signe de déplaisir.

Pleurer, rire, avoir peur... Griffith, le vieux cinéaste, avait une vision très claire de ce que réclame le spectateur d'un film. Pour autant qu'il se fût intéressé à cette technique, son opinion n'eût pas été différente à l'égard du dessin animé. Entre la *représentation** et les émotions provoquées, l'adéquation s'impose.

Cette cohérence est la clef de la réussite d'un dessin animé. Personne ne s'y trompe, on sent parfaitement quand il se passe quelque chose dans le public, quand l'image ou le texte font mouche. Le silence attentif d'un enfant ou un geste énervé de réprobation sont toujours révélateurs. Et, à la sortie d'une séance, il est intéressant de tendre l'oreille aux réflexions échangées entre les jeunes spectateurs. Les petits comme les grands ont parfois d'étonnantes réflexions, dont nombre de réalisateurs feraient leur profit.

Pour de vrai et pour de faux

« On jouerait à… je serais… il y aurait… on dirait que… »

Aussi facilement que l'on passe le seuil d'une porte, l'enfant entre dans la fiction : il joue, imite, expérimente. Il vit ! Dans le jardin, un après-midi d'été, Daniel et sa petite camarade Juliette s'amusent gentiment. Et soudain, le déclic inventif : « Et si tu étais une princesse et moi un prince[1] ? » D'emblée, Daniel et Juliette créent et organisent leur espace de rêverie, avec le même sérieux que des adultes posant leurs pions sur l'échiquier.

Si nous les observons, nous voyons « pour de vrai » des enfants qui jouent « pour de faux » (entre eux, ils disent plutôt « pour de rire »). Dans le cadre imaginaire qu'ils ont balisé, tout est permis, rien n'est dangereux. Les méchants et les gentils s'y retrouvent créés par l'enfant. Daniel vaincra l'ogre et Juliette bénéficiera des faveurs des bonnes fées.

Les contes de fées fourmillent de situations effrayantes qui s'abritent derrière le fameux : « Il était une fois… » Dans la version réaliste du *Petit Chaperon rouge* de Perrault, le loup dévore gloutonnement la grand-mère. Vu par les frères Grimm, le même thème redonne vie à la grand-mère de façon simpliste. Curieusement, des deux versions, certains enfants choisissent la première. « Il était une fois » joue bien son rôle protecteur permettant de prendre plaisir à la version terrifiante. Celle des frères Grimm les déçoit, leur donne l'impres-

1. Michel Ocelot, *Princes et princesses*, Seuil Jeunesse, 2000.

sion d'être « pris pour des bébés ». Et si un adulte déteste être pris pour un imbécile, l'enfant manifeste la même indignation quand on le prend pour un bébé. Il ne supporte pas que l'on s'adresse à lui sur un mode qui, sous prétexte de le protéger, le déprécie.

Entre le message envoyé et la capacité de comprendre de celui qui le reçoit, l'inadéquation est flagrante. L'inverse comporte les mêmes inconvénients. Dans un spectacle, quand un enfant ne comprend ni le langage ni les images, il s'en désintéresse. Ou pire, il éprouve un malaise, voire de l'angoisse. Il est alors plus facile de s'accommoder de l'édulcoré que du brutal. Les rêves — que pourtant nous produisons nous-mêmes — en sont un exemple significatif. Nous supportons mieux les jolis rêves incompréhensibles que les cauchemars. Il arrive qu'ils nous impressionnent, justement parce que nous en ignorons la part du vrai et du faux. Les terreurs nocturnes des enfants en témoignent.

Des images perçues sur un écran sont bien souvent pourvoyeuses de cauchemars chez les enfants qui les ont mal assimilées. Dans la catégorie des images ayant le plus de répercussions sur la sensibilité enfantine, l'étude de Serge Tisseron classe les actualités télévisées et les dessins animés. C'est alors que le « pour de vrai » et le « pour de faux » nécessitent le même exutoire : le langage pour évacuer l'angoisse. L'appui des parents ou d'un autre adulte pour expliquer, rassurer.

D'autres études concluent que les images de fiction seraient moins angoissantes que celles de la réalité. Serge Tisseron estime que les deux recherches ne se contredisent pas : « Le fait qu'une séquence soit perçue comme une fiction d'emblée ne semble pas la rendre pour autant *a priori* moins angoissante, mais cela pourrait en revanche faciliter une pensée sur son cadre, et donc permettre une meilleure gestion de cette angoisse. » Il serait souhaitable que la télévision tînt compte de telles recherches. Particulièrement certaines chaînes qui diffusent leurs dessins animés en boucle et ne tiennent pas assez compte de l'âge de leurs spectateurs, alors que le contenu des programmes est rarement visible par tous.

Dans une bonne fiction, le « pour de vrai » s'associe toujours au « pour de faux », tant « le pour de faux fait voyager les hommes dans un autre monde[1] ».

Une bonne fiction doit également faciliter le retour au réel. Le « pour de faux » laisse une trace affective, permet de « jouer à », puis de reprendre pied dans la réalité. C'est comme une parenthèse dans un quotidien trop connu ou pesant. Un espace de *rêverie** qui n'appartient qu'à soi. Il est agréable, devenu adulte, d'aller de temps en temps y fouiller comme dans un grenier. La magie de certains spectacles vus dans l'enfance se retrouve intacte. C'est une joie alors de la revivre et de la partager avec ses enfants. La vive émotion exprimée par des adultes au spectacle de *Kirikou et la sorcière* s'explique sans doute par l'authenticité du film. L'histoire touche au plus profond de l'humain, au déroulement de la vie. Le vrai et le faux s'y mêlent si étroitement que l'on passe avec bonheur d'une poésie quasi onirique au récit plus réaliste, ayant à la fois oublié et consolidé la vraie vie.

Dans un dessin animé, la vraie vie ne consiste pas uniquement en du mouvementé, du tangible. Si l'histoire est présentée sur un mode trop factuel, la dimension émotionnelle fait défaut et l'équilibre action/émotion est rompu. L'enfant fait les frais de ce déséquilibre qui induit chez lui un trop-plein d'excitation. Cette excitation, souvent souhaitée par les concepteurs, provoque une surenchère de demandes, une sorte de dépendance accompagnée d'agitation et autres troubles du comportement. Le docteur Samuel Lepastier compare cet état à un état traumatique qui empêche le bon fonctionnement de la pensée. Il s'élève contre la politique dictatoriale de l'Audimat exigeant que l'enfant reste assidûment devant la télévision, qu'il n'ait jamais l'envie de « zapper ».

1. Brigitte Labbé, Michel Puech, *Pour de vrai, pour de faux*, coll. « Les Goûters philosophiques », Milan, 2000.

Même s'il n'a pas vu le début du film, son excitation ne doit jamais faiblir, il doit rester captivé. Dans ce but, la qualité du scénario est négligée au profit de la quantité de *stimuli* qui, à forte dose, engendrent l'aliénation du jeune spectateur.

Par leur fulgurante rapidité dans la succession des images, les dessins animés japonais provoquent souvent ce genre de comportement. La présentation de face des personnages, qui ont l'air de sortir de l'écran pour se projeter dans la pièce où se trouve l'enfant, n'est pas faite pour calmer le jeu. Des bruitages ou des fonds sonores tonitruants ajoutent à l'effet d'angoisse. Autre phénomène déstabilisant pour les repères du jeune enfant : les publicités intercalées entre deux dessins animés. Les producteurs en usent astucieusement. Dans les programmes pour enfants et aux heures de grande fréquentation, ils insèrent des spots publicitaires sous forme de dessins animés. Dans la confusion, le jeune spectateur ingurgite avec le même enthousiasme les « vrais » dessins animés et ceux des publicités. Et, ensuite, au supermarché, il confond les produits et les héros. Bonne affaire pour le commerce, les parents résistant difficilement au harcèlement de leur progéniture.

Pour rêver, imaginer, le faux est nécessaire. Il y a danger cependant quand « jouer à » se transforme en « se prendre pour ». On se souvient peut-être de l'aventure tragique de petits Américains qui, se prenant pour Superman, se munirent d'une cape et sautèrent par la fenêtre d'un étage élevé, croyant voler comme leur invincible héros.

L'Amérique n'a pas le monopole de ces aventures fatales, le reste du monde n'est pas mieux loti. La presse, la télévision se font quotidiennement l'écho de tristes faits divers impliquant des jeunes, de plus en plus jeunes, selon les statistiques sur la délinquance juvénile. Des adolescents à l'énergie exacerbée ne saisissent plus la différence entre la violence fictive et la réalité de la violence. Incapables de dissocier le héros de l'écran du dangereux gangster, ils passent à l'acte et utilisent des armes réelles comme de banals jouets.

Afin de mixer le vrai et le faux, les créatrices canadiennes de la série *Angela Anaconda* pratiquent un collage entre les visages photographiés de personnages réels et des papiers découpés représentant les corps et des décors. Elles affirment que leur série d'animation a pour objectif de faire rire. Cependant, mis à part la conception graphique, les thèmes censés représenter le quotidien de nos enfants d'âge scolaire sont traités d'une manière pour le moins surprenante. La rivalité entre Angela et son ennemie intime, Nanette Manoir, attribue à cette dernière un statut de gagnante, du fait de la perfidie et de la malhonnêteté des procédés employés. Et, parfois même, avec la complicité et l'injustice des adultes. Par ailleurs, la stupidité du ton des voix doublées en français, la rapidité du débit verbal ajoutent au caractère énervant de la série. L'absurdité s'affiche, bêtement triomphale. Sans doute ferait-elle hurler de rire un adulte bon public. Mais des enfants ? Sont-ils aptes à goûter ce prétendu humour ? Les petits n'apprécient guère, les garçons pas davantage. Les filles de huit à dix ans sont les plus intéressées... en raison du ridicule de la maîtresse et de son manque de discernement.

Quand « pour de vrai » et « pour de faux » sont des alliés, ils rendent nos enfants créateurs, pleins de vie. Leurs paroles et leur comportement nous informent et personne ne s'y trompe !

Tension et attention

« Quel petit ange ! Il est d'une sagesse admirable. Et si intéressé ! »

Mercredi matin, une grand-mère vient garder son petit-fils. Kevin, le « petit ange », à plat ventre sur la moquette, l'œil rivé à l'écran de télévision, ferait le bonheur des concepteurs de programmes. Un publicitaire l'engagerait pour la promotion d'une émission « spécial enfants ». « Ce dessin animé semble le passionner, poursuit la grand-mère en prenant son fils à témoin. Est-il toujours aussi attentif ? » Le père de Kevin a une moue dubitative : « Attentif, c'est à voir. Mais assidu, sûrement ! »

Ce père, qui s'exaspère de l'inépuisable fidélité de son gamin à la télé, est dans le vrai. Un enfant qui ne quitte pas des yeux un écran ne prouve pas son attention à ce qui s'y déroule. Être attentif signifie que la pensée propre continue à fonctionner sans entrave face au spectacle que l'on a sous les yeux. La fascination, c'est autre chose. C'est être dans l'impossibilité de quitter du regard ce que l'on voit, être en quelque sorte happé par l'image qui exerce sur le psychisme une emprise pouvant se répercuter sur le physique.

Certaines images se succédant en abondance génèrent de l'excitation. Déjà, confronté à l'incompréhensible, l'enfant s'agite. Mais des visions de violence ou de sexe prennent une portée déterminante sur n'importe quel spectateur. Parfois, seules des allusions répétitives suffisent pour provoquer une tension. Les films à connotation sexuelle suggérée en sont un exemple probant chez les adolescents.

La tension provient du décalage entre le contenu de la scène montrée et la capacité à traiter l'information. Submergé, le psychisme se trouve dans l'impossibilité de relier ce qu'il perçoit avec son vécu propre. Effet traumatique incontestable, c'est-à-dire une impossibilité de penser sur le perçu. Avec la répétition de cet effet, se forme un « trou » dans la pensée et le corps prend la place de celle-ci afin de la soulager : gesticulations, cris… en témoignent.

Prenons l'exemple de scènes de violence, ou du moins de la perception qu'en ont les enfants, dans certaines fictions qui leur sont proposées — les films d'animation n'en sont malheureusement pas exclus. D'évidentes réactions corporelles vont peut-être se manifester.

L'enfant va s'agiter, se réfugier derrière son siège ou fuir à l'autre bout de la pièce.

Les manifestations « non bruyantes » se révèlent au moins aussi graves. Elles ont tendance à clouer sur place et inhibent autant le corps que la pensée. En l'absence de décharge physique pouvant la soulager, la tension atteint alors son maximum. Seuls les parents présents et sensibles aux réactions de l'enfant peuvent avoir conscience de ce phénomène. L'enfant est comme hypnotisé et ne participe plus à ce qu'il voit sur l'écran.

L'enfant attentif a un tout autre comportement. Il signale sa participation par des émotions exprimées de façon adéquate. Plus grand, quand il maîtrise le langage, il joue instinctivement le jeu de l'interactivité. Il anticipe la péripétie à venir, propose des hypothèses. On le constate avec les aventures, tels les contes merveilleux, construites avec un déroulement dans le temps : le héros franchit des épreuves qui, malgré leur difficulté et la crainte qu'elles suscitent, font progresser le scénario vers un dénouement espéré ou pour le moins supportable.

Fruit de la gratuité, ces scènes violentes destinées à « capturer » le spectateur, à obtenir coûte que coûte sa fidélité, sinon son intérêt, créent une tension qui devient insupportable. Certaines chaînes de télévision n'ont que faire des avertissements psychologiques gênants. Pour augmenter leur audience à moindre prix, elles ne lésinent pas sur les moyens. Les films violents, y compris les dessins animés du même type, s'inscrivent dans des programmes de stock et peuvent être rediffusés *ad libitum*. Et ainsi naît l'accoutumance…

Entre la réalité télévisuelle et les aspirations des spectateurs, les divergences sont manifestes. Des enquêtes menées auprès de jeunes[1], il ressort que les préférences en matière d'œuvres de fiction — 95 % des films d'animation — vont à celles qui amusent, qui font rire. Ce qui dément la rumeur qui prétend que l'on offre au jeune

1. Divina Frau-Meigs, Sophie Jehel, *op. cit.*

public des œuvres violentes parce que tel est son choix. On aurait tort de sous-estimer la banalisation de la violence dans la fiction et de croire à son manque d'impact sur le psychisme.

Images perçues, images éprouvées

« Ah ! non, pas déjà ! »

Le dessin animé terminé, le père, d'un geste décisif, éteint la télévision.

« Après, c'est *Achille Talon* ! gémit le petit Pascal. — Et après, c'est autre chose et encore autre chose. Terminé pour aujourd'hui ! »

Frustré, le gamin supplie et soudain s'énerve. Médusés, les parents le voient déambuler à travers la pièce en poussant des hurlements. La soirée se termine dans les larmes.

Les parents les mieux intentionnés ont connu ce genre de scène, reflet du désarroi psychique et physiologique d'un enfant qui se retrouve brusquement face à un écran noir. « La relation que nous établissons avec une image est inséparable du dispositif à travers lequel elle nous parvient, c'est-à-dire de son existence en tant qu'objet-image », écrit Serge Tisseron, dans *Comment l'esprit vient aux objets*[1].

Inutile de rappeler que, dans notre quotidien, les images mobiles les plus courantes nous sont transmises par le petit écran, en direct ou grâce au magnétoscope. Après la projection d'une cassette pourtant destinée aux enfants, nombre d'adultes remarquent combien le comportement de ceux-ci s'est modifié, entraînant une difficulté à se réadapter à la « vraie vie ». Une expérience nous a permis de juger du bien-fondé de ce constat. Nous avons donc formulé l'hypothèse que l'enfant-spectateur entretient avec l'image une relation pouvant remanier sa

1. Aubier, 1999.

perception du monde extérieur et provoquer une réaction comportementale révélatrice d'une influence sur son activité psychique. Pour la vérifier, nous avons mis en œuvre un dispositif avec un groupe de quinze enfants. L'expérience s'est déroulée dans une école parisienne, avec des élèves de CE1 et de CE2, âgés d'environ huit ans[1].

Après nous être entretenus brièvement sur l'objet de notre visite, nous leur avons demandé de dessiner : 1) leur maison natale ; 2) leur maison actuelle. Ces deux croquis terminés, nous avons proposé aux jeunes participants de visionner une cassette du dessin animé *Dragon Ball Z*, intitulée *Le Père de San Goku.* L'histoire raconte une guerre de clans sur une planète lointaine. Au moment de mourir durant un combat, le héros Padac se montre préoccupé pour l'avenir de son jeune fils San Goku. Pendant ce temps, nous observons les enfants. L'agitation est notoire quand une musique tonitruante accompagne les images agressives. Très nerveuse, une fillette refuse de regarder et se déplace dans la pièce. Puis, suivent des scènes plus intimistes, avec des dialogues, et le calme revient. Détendues, plusieurs filles sucent leur pouce. La tension est plus élevée chez les garçons. Deux d'entre eux, cependant, mains crispées et croisées derrière la tête, adoptent une attitude mi-tendue mi-relâchée.

La mort de Padac, le père, provoque une émotion généralisée, tandis que le bébé, San Goku, apaise, fait rire. Les réflexions tournent autour du repérage des gentils et des méchants, on s'interroge sur les liens entre les personnages.

Vient alors la troisième étape graphique qui consiste à dessiner *une* maison.

Voici la raison de ces trois dessins différents, le choix de la maison étant lié à sa symbolique identitaire et de contenant.

La maison *natale* fait appel à la régression, à la sécurité *narcissique** et à l'*introjection** du *holding**,

1. Nous tenons à remercier J. Sultra, leur instituteur.

selon la formulation de Winnicott (en psychanalyse, l'introjection est un mécanisme par lequel l'individu adopte inconsciemment certaines caractéristiques d'autrui et les intègre à sa propre personnalité).

La maison *actuelle* représente l'investissement de soi, l'accès à l'autonomie acquis par processus *d'identification** post-œdipienne (après six ans, environ).

Une maison reprend le thème antérieur au visionnage, avec la possibilité de laisser plus de place à la dimension imaginaire. Par comparaison, nous pourrons évaluer l'impact du dessin animé à travers les transformations significatives des dessins.

En résumé, nous avons donc demandé aux enfants de dessiner une enveloppe symbolique stable *(maison)*, dont le contenu est sujet à transformation *(natale, actuelle, une)*.

Cette étude n'est pas exhaustive mais il est possible d'en tirer quelques conclusions.

La maison *natale* est majoritairement représentée sur une feuille tournée à l'horizontale et plutôt sous forme de maison individuelle, parfois en deux parties. On peut y voir un aspect régressif, rassurant, un besoin de contact, le désir de se blottir (voir, ci-après, le premier des trois dessins d'Amine).

À la consigne donnée, « Écris ton nom là où tu aimerais être », quatorze des quinze enfants ont placé leur nom à l'intérieur de la maison. Un seul l'a écrit à l'extérieur… dans la mer !

La maison *actuelle*, représentation symbolique de l'image de soi, prend majoritairement la forme d'un immeuble aux nombreuses fenêtres. Certes, les enfants parisiens habitent dans des immeubles, mais cela ne change rien au constat que l'on peut faire : les constructions sont verticales, même si, généralement, la feuille a été maintenue à l'horizontale.

On peut retenir l'hypothèse de la représentation de soi, debout et autonome, ayant grandi. Cette hypothèse est renforcée par l'apparition d'escaliers. Les protections aux fenêtres et les deux fortins renvoient à la fois aux

Maison natale

sentiments d'insécurité et aux défenses mises en place de manière efficace, propres à la période de latence.

La comparaison de ces deux dessins avec le troisième (*une* maison), exécuté après le visionnage de la cassette, apporte des éléments significatifs. L'apparition de maisons-forts et de clochers à valeur défensive et phallique peut correspondre à une effraction réclamant des défenses supplémentaires. Outre ce repérage d'indices attestant que le psychisme met en œuvre des mécanismes visant à repousser l'agression, le dessin post-spectacle crée un espace intermédiaire où l'agressivité peut s'exprimer symboliquement. L'enfant extériorise ses émotions, les canalise afin de neutraliser les effractions fantasmatiques produites par le film. Le dessin ne sert pas seulement à représenter, mais également à évoquer. Nous savons tous combien la photographie d'un être absent ou disparu permet sa remémoration ainsi que la résurgence des *affects** qui y sont liés.

Dans la production graphique de l'enfant, après les premières traces jubilatoires laissées fortuitement sur le sable ou dans la purée, la graphie proprement dite, avec

Maison actuelle

un crayon, devient volontaire et peut être nommée. Le sens est donné par le mot associé au tracé. Nous sommes dans le registre symbolique de l'évocation.

Ainsi, la trace renvoie bien à la séparation éprouvée du corps qui, dans la transformation de l'absence en présence, va permettre à l'enfant de penser. Lorsque l'enfant-spectateur présente des mouvements, même légers, de désorganisation post-visionnage il va pouvoir soulager ses éprouvés pénibles dans un dessin.

Chez Amine, comme chez d'autres, le dessin de la maison natale présentant deux maisons accolées peut être interprété comme la nostalgie de l'indifférenciation, du blottissement et du contact.

Une maison

La capacité à fonctionner seul, à condition de bien se protéger (barreaux aux fenêtres, digicode, serrure), est signifiée par l'immeuble solide et vertical.

La charge agressive et affective importante du dessin animé a nécessité que sa maison post-visionnage soit abritée par le fortin à valeur défensive (redoublée par la porte d'entrée fortifiée) et reprenne la forme de la double maison, majorant la protection. Les deux symboles parentaux (tour/papa et maison/maman) protègent ainsi la plus petite maison/enfant.

Ce travail a pu mettre en lumière et analyser les manifestations psychiques dues à l'impact des images. Le dessin, comme espace intermédiaire, a l'avantage de faire passer de « l'absorption » de l'écran à la « vraie vie ». Il offre un moyen efficace d'évacuer l'angoisse diffuse, souvent traduite par une agitation corporelle à l'arrêt des images. Un dialogue avec un adulte compréhensif peut également jouer ce rôle bienfaisant.

TABLEAU COMPARATIF DES CARACTÉRISTIQUES RELEVÉES

	Maison natale	**Maison actuelle**	**Une maison**
Repentir	5 (4 filles)	2	7
Feuille horizontale	13 (1 repentir horizontal + 12 repentirs verticaux)	14	14
Feuille verticale	2 (2 repentirs)	1	1
Clocher	0	0	0
Fortin	0	0	9
Immeuble	4	11 (dont 2 apparitions de fortins)	1
Pavillon	10	3	2
Double	6 (3 accolées) doubles portes (5)		
Hors consigne	1	1	1
Intérieur	1	1	1
Escalier	0	7	4
Transparence	3	0	1
Écriture, chiffres	0	5	5
Sol représenté	6	1	4

Bas de feuille	9	14	11
Végétal	1	1	1
Personnage	3 (tous à l'intérieur)	1	4
Animal	2	0	1
Objet	1 (transparence)	1 (lit)	1 (trésor)
Personnage + animal	1	0	2
Animal + végétal	1	0	0
Paysage/ environnement	4	2	1
Écris ton nom dans	14	12	8
Écris ton nom hors	1 (dans la mer)	2	7
Nom non écrit	0	1	0

3

Histoires et inconscient

Les gentils et les méchants

« Comment sait-on si quelqu'un est gentil ou méchant ?

Vivien : Ça se voit, comment il regarde.

Paul : S'il est gentil, il parle doucement, et s'il est méchant, il crie.

Lucie : Un méchant, ça fait peur.

Mathilde : Un gentil, il dit des mots gentils.

Thomas : Un méchant, il tape, et un gentil, il te dit : "Pourquoi tu pleures ?"

Mélissa : Un gentil, ça fait des bisous.

Sarah : Un méchant, des fois, il est gentil pour faire croire qu'il est gentil. On peut pas savoir... »

Ces propos, recueillis dans une classe de primaire, illustrent la tendance qu'ont les enfants à classer les êtres qui les entourent en deux grandes catégories : les bons et les mauvais.

Parmi les enfants ci-dessus, seule Sarah émet un doute. À six ans, on n'a pas encore vraiment accès à ce que les psychologues appellent l'*ambivalence**, qui nous fait voir le monde de manière plus nuancée. Bien sûr, on en a déjà fait l'expérience, papa, maman, mon frère, ma sœur et même la maîtresse sont parfois gentils, parfois méchants. Il n'empêche que la propension à vouloir tout ranger dans des catégories pour s'y retrouver reste vivace.

Si l'on poursuit plus avant les interrogations, les réactions évoluent. Vivien, qui l'autre jour, dans la cour, ne voulait pas jouer avec Paul, est venu, aujourd'hui, lui donner un bonbon et lui a dit : « T'es mon copain ! » Finalement, Vivien n'est pas si méchant que ça. Paul a fini par admettre qu'il le trouve parfois gentil. Donc, on peut être à la fois méchant et gentil. La subjectivité est ainsi mise en évidence. Maintenant, on va pouvoir discuter et non plus attribuer à l'autre une qualification définitive.

Lorsqu'un enfant s'est fait gronder, il est aisé de savoir par sa réponse s'il a acquis la notion de cause à effet. Exemple : « Je suis triste parce que je me suis fait gronder. — Gronder, pourquoi ? — Parce que j'ai été méchant, maintenant je suis gentil. » En revanche, l'enfant qui s'est fait gronder et ne possède pas encore cette souplesse de pensée dira : « Parce que je suis méchant. » Pour peu qu'une expérience positive ultérieure ne lui démontre pas qu'il peut aussi être gentil, il se croira définitivement classé dans le registre des méchants. Résultat : il n'aura de cesse de jouer son rôle de méchant du mieux qu'il le pourra.

Dans la vie de tous les jours, aucun être humain en bonne santé psychique ne « fait exprès » d'être méchant avec autrui. S'il le fait, c'est la plupart du temps par rapport à lui-même, pour se protéger, et c'est un moindre mal pour lui.

Quand le mal n'a pas encore causé trop de dégâts, il arrive qu'un événement, une rencontre changent le cours des choses. Si Kirikou, comme tout le village, avait cru à la méchanceté définitive de la sorcière, celle-ci serait restée maléfique.

Dans l'imaginaire collectif, la solution la plus répandue, c'est l'éradication du méchant. Le bon tue le méchant pour la bonne cause (c'est plutôt paradoxal, un bon qui tue !). Ou bien, un accident neutralise le méchant, si possible avec force souffrances, et l'affaire est réglée. Il faut se rendre à l'évidence, la nature humaine est ainsi faite : elle n'hésite pas à se débarrasser de ce qui la dérange. Jadis, bien avant la sorcière de *Kirikou*, la Reine des neiges d'Andersen avait, elle aussi, bénéficié d'une rencontre favorable. Mais les cas de rédemption sont rares et la cruauté domine dans les contes pour enfants.

Le dessin animé ne fait pas exception. Dans leur adaptation des contes de Grimm, les Walt Disney conservent aux méchants l'intégralité de leurs pouvoirs maléfiques. Ils les éliminent sans pitié, tout en ménageant habilement le suspense qui fait durer le plaisir. Les histoires n'appartenant pas à la tradition populaire, comme *Bernard et Bianca* ou *Le Roi Lion*, n'échappent pas à cette règle. De même, les films d'animation japonais du style manga, même si leur représentation complexe des gentils et des méchants rend le repérage plus difficile.

Le dessin animé, à l'instar de la filmographie depuis les débuts du cinéma, a privilégié les représentations du mal qui engendrent des émotions violentes, excitantes et pouvant se manifester de façon visuellement frappante : un homme corrompu, une puissance surnaturelle ou diabolique… Le combat des forces du bien contre les forces du mal est un thème récurrent, constitutif de l'imagination. D'autant plus que la simultanéité de phénomènes *attraction-répulsion*[1] participe à la fascination qu'exerce cet affrontement. Les enfants raffolent de ce thème qu'ils mettent en pratique dans leurs jeux (imaginaires, de société, vidéo) et qu'ils retrouvent dans les spectacles. Si la console vidéo donne l'impression d'être le maître du jeu, le dessin animé offre plus de recul. Il n'émane pas directement de l'imaginaire de l'enfant mais d'un créateur qui le lui propose. Qui plus est, d'un créateur adulte pour qui il est utile d'avoir une bonne connaissance du développement psychique de la tranche d'âge à laquelle il s'adresse.

Dans une production, lorsque le bien se mesure au mal, même si le bien triomphe, l'enfant-spectateur subit émotionnellement le contrecoup de la brutalité des combats et des risques d'anéantissement. Cette situation le renvoie à ses propres angoisses : lui-même conçoit parfois des pensées malveillantes pour autrui, voire pour ses parents. Il n'en est pas fier mais, comme la présence rassurante de ses parents lui prouve que son « mauvais sort » n'a pas fait de victimes, ses mauvaises pensées se transforment, prennent valeur de bonne expérience.

Transposée sur l'écran, l'exhibition au grand jour de sentiments que l'enfant se croyait seul à ressentir peut lui apporter un effet soulageant, réparateur. À condition que la chute du film procure une baisse de tension, le conflit trouvant le dénouement espéré.

L'image rend vivantes et partageables des représentations dont l'enfant n'est pas fier.

On caricature volontiers les Américains, avec leur conception ancrée du *happy end* à tout prix. Mais le *happy end*, pour le héros auquel on s'identifie, est généralement un *bad end* pour son ennemi. Ce qui maintient le partage du monde en bons et mauvais, gentils et méchants. Dans les dessins animés à privilégier, le héros trouve des stratagèmes pour métamorphoser le méchant en gentil. L'amour et le courage plutôt que les armes opèrent la transformation.

Un revirement dans ce sens est d'ailleurs apparu chez certains créateurs. La guerre « pour rire », que mènent Tom et Jerry, les personnages imaginés par Hanna et Barbera, a fait la joie de plusieurs générations d'enfants. Quoi de plus naturel, un minet et une souris qui se chamaillent. Les petits spectateurs s'étaient habitués à la sempiternelle victoire de l'astucieux Jerry sur ce benêt de Tom. L'arbitraire de la situation ne les choquait pas. En 1991, volte-face dans le caractère des personnages. Expulsés de leur gîte par de vilains promoteurs, nos deux héros font front commun contre l'adversité et enterrent la hache de guerre. Ensemble, ils s'instituent justiciers au grand cœur. Leurs aventures, qui restent dans le registre comique, adoptent, toutes proportions gardées, l'option de l'humanitaire. Nullement désarçonnés, les petits spectateurs apprécièrent à juste titre cette métamorphose qui faisait rendre gorge aux méchants.

Dans les thèmes à rejeter, certains, par le biais de l'humour, flattent de dangereux penchants à l'animosité. Ceux, entre autres, qui dévalorisent les parents, donnent d'eux une image infantile ou bêtement brutale, sadique même. Autre effet défavorable, une situation proche de la réalité perturbante de l'enfant : échec scolaire ou conflit familial *(Angela Anaconda)*. Alors, la conscience critique s'émousse et cède le pas aux intérêts passionnels. Lorsqu'on demande son avis à l'enfant, on n'obtient que des réponses dérisoires : « C'est marrant... », « Y font que des bêtises... », assorties de ricanements et de haussements d'épaules. Mimer la situation avec les copains ou la fratrie peut encore soulager la tension. Jusqu'au prochain épisode ?

Le permis et l'interdit

« Ne croyons pas que tout nous soit permis », écrivait André Chénier, aux pires jours de la Terreur. Longtemps favorable aux principes de la Révolution, le poète paya de sa vie son revirement indigné. Les idées n'aboutissent heureusement pas toutes à une issue fatale. La société ne serait pas ce qu'elle est sans le génie artistique, l'ingéniosité des inventeurs et la sagesse des philosophes. La société et l'art s'influencent mutuellement en tenant compte consciemment ou inconsciemment des progrès techniques.

Le siècle dernier a vu grandir le cinéma, naître la télévision, instruments de choix pour la propagation de la connaissance, de modes de vie. Une œuvre filmée augmente son ascendant. On le remarque par l'adaptation de livres auxquels l'apport d'un cinéaste offre un regain d'attraction. Une diffusion télévisée ajoute encore à son audience. Le spectacle entre à la maison, prend un aspect fédérateur : le lendemain, dans la cour de récréation, tous les copains qui ont vu la même émission en discutent. Implicitement, s'installe le partage d'intérêts communs.

Cette communion autour d'un programme pour enfants se retrouve dans le phénomène *Pokémon*. Il est vrai que le déploiement marketing a fortement concouru au retentissement de la série, particulièrement dans le domaine de la promotion graphique, avec les collections de vignettes à l'effigie des petits personnages, donnant lieu à des échanges passionnés entre écoliers. L'énormité du succès fit pâlir d'envie nombre de concurrents malheureux. À commencer par les *Digimon*, pourtant prêts à prendre la suite.

C'est dire l'influence qu'opère un tel phénomène lorsqu'il déferle dans les grands pays consommateurs. Il est inévitable qu'une idéologie se transmette au travers des héros de semblables séries dont l'impact éducatif n'est pas à négliger. Si innocent que puisse paraître un dessin animé, il porte toujours en lui la possibilité de faire passer un message, positif ou négatif.

Quand un scénario s'articule autour de la convention « qui veut la fin, veut les moyens », un signal d'alerte clignote. Le jeune spectateur, s'identifiant au héros qui obtient tout ce qu'il désire en transgressant, éprouve la tentation de « faire comme », de copier des agissements aussi fructueux. De les adapter à son quotidien. De transgresser lui aussi.

La limite fiction/réalité est vite franchie par l'enfant jeune, surtout si le comportement de son environnement vient corroborer les agissements du héros fictif. Le discours autoritaire ou raisonnable des parents aura peu d'impact si l'attitude de ceux-ci est trop éloignée de leurs dires. « Fais ce que je dis, mais ne fais pas ce que je fais » est une formule qui porte rarement ses fruits.

Certains dessins animés, comme *South Park*, font de la transgression l'essentiel de leur thème. L'effet pervers est accentué par les personnages, au graphisme simplifié qui favorise généralement une meilleure assimilation par les très jeunes enfants. Non informés et trompés par cette ambiguïté, les parents peuvent croire qu'il s'agit réellement d'un programme conçu pour les enfants.

L'agressivité fait partie de la vie, au même titre que l'amour. Mais, plus visuelle, plus facile à mettre en scène, c'est à elle qu'est dévolu le plus grand espace dans les productions de fiction. Pourtant, sans la nier, pourquoi ne pas la représenter plus souvent vaincue par l'amour ? Le combat entre *Éros** et *Thanatos**, la vie et la mort, entre dans nos préoccupations majeures. Et qui n'espère la supériorité de la vie ! Les différentes histoires qui composent le film *Princes et princesses* ne se dispensent pas de la présence des méchants, mais le bien y terrasse le mal. Les *pulsions** de vie triomphent des pulsions de mort, car les héros mettent leur ingéniosité au service du bien.

Braver un interdit et désobéir se définissent chez l'enfant par « mal faire ». Pour qu'il y ait transgression, une loi est nécessaire. Cette loi se transmet consciemment par des règles de vie et, inconsciemment, par le comportement familial, ainsi que par la valeur attribuée à ce que l'on propose à l'enfant. En choisissant ce qu'il pense être bon pour son enfant, un parent atteste de ce qu'il a reçu de ses propres parents : la capacité de jugement et celle de transmettre ses valeurs à la génération suivante.

Créer pour un public enfantin implique symboliquement une transmission intergénérationnelle. Se plier à la demande économique, ne voir dans le dessin animé qu'un banal « produit » rentable, confine à l'irresponsabilité. En revanche, montrer le permis et l'interdit, les distinguer nettement et en déduire des conséquences à travers des scénarios explicites renforce le sentiment d'appartenir à un groupe. La concordance entre les règles familiales et celles transmises par la culture donne à l'enfant la possibilité de s'inscrire dans une société sécurisante.

L'inquiétante étrangeté

Nous avons tous, un jour ou l'autre, subi la curieuse impression du « déjà vu ». De pénétrer dans un lieu étranger, de rencontrer un inconnu et de nous sentir en terrain familier. C'est une impression étrange qui réclame un effort pour tenter de reconstituer une situation antérieure, effort contrecarré par la mémoire brusquement récalcitrante. Cette sensation étrange risque de devenir inquiétante si nous supportons mal de ne pouvoir maîtriser le monde extérieur. « Le monde extérieur, objet de perception, est en même temps le lieu d'une projection du monde intérieur, et c'est par là qu'il peut être connu », écrit Sigmund Freud dans *Totem et tabou*.

Selon Freud, ce que nous percevons est donc imprégné du « déjà connu » et nous avons besoin de nous référer à du familier pour donner un sens à une nouvelle perception. Lorsque nous avons acquis une expérience adulte, cela paraît être une évidence. Nous décodons ce que nous voyons, entendons, touchons, sentons, souvent rapidement, sans grand effort. Nous n'y prêtons attention que dans des circonstances indéfinissables ou quand le « déjà connu », enfoui dans l'inconscient, reste lié à des sensations, des émotions fortes qui ressurgissent intactes — comme Proust et sa madeleine.

Il en va différemment chez l'enfant. Il dispose d'une faible expérience et ses premières perceptions restent très liées aux ressentis organiques : la faim, le sommeil... Les traces de ces premiers ressentis sont rares, sauf dans les cas de souffrance importante, où elles restent accessibles à la conscience. Il n'est pas rare d'entendre : « Ça m'a traumatisé », pour qualifier une situation où l'individu, acteur ou spectateur d'un acte, n'a pas pu l'assimiler. Dès sa deuxième année, face à une perception inconnue, l'enfant cherche à lui donner un sens. Les mécanismes de perception et de projection s'allient afin qu'il s'approprie une nouvelle expérience. C'est à travers l'introjection, c'est-à-dire l'intériorisation des qualités attribuées à ce qui l'entoure, qu'il va en conserver une trace et transformer son jugement au fur et à mesure de ses expériences.

Puisque l'enfant expérimente, découvre, voyons de quelle manière il peut avoir à affronter l'inquiétante étrangeté. Chez le jeune enfant, les angoisses archaïques liées à la solitude, au silence et à l'obscurité sont parfois tenaces. Il est difficile d'en fixer la durée, qui varie avec la nature de l'enfant et le comportement de son entourage. Ces angoisses ont des chances de se raréfier ou de disparaître à la faveur d'expériences rassurantes, en présence d'êtres chers, sachant à la fois ne pas se substituer à l'enfant devant une difficulté à résoudre et être là en cas de besoin.

Le dialogue et le choc des émotions désamorcées par un vocabulaire accessible à l'enfant, et faisant partie du code de sa famille, jouent un rôle fondamental contre l'angoisse. Mais, parfois, lorsque cet état d'angoisse devient chronique, des soins plus spécifiques s'avèrent indispensables.

Des parents inquiets emmènent T., vingt-sept mois, chez le thérapeute, pour des frayeurs dont l'origine remonte à un départ de nuit, en car, aux sports d'hiver. Par crainte qu'il ne reste éveillé, et sur les conseils du médecin, sa mère lui avait donné, à titre préventif, un sirop calmant. Endormi au départ du car, T. s'était réveillé quelques heures plus tard, hurlant de peur dans cet endroit inconnu. Depuis, il est sujet à des crises, des « spasmes du sanglot », allant jusqu'à la perte de connaissance. Plusieurs séances s'avèrent nécessaires pour que les frayeurs de T. se calment. La séance décisive fut celle où T., entendant un bruit insolite à l'étage supérieur, prononça le mot « peur ». Immédiatement repris par le thérapeute comme signifiant pour T. l'étrange, l'incompréhensible.

L'interprétation est fournie aux parents : T. prononce ce « mot-valise » afin de signifier :

— une question : « Qu'est-ce que c'est ? » ;

— une inquiétude : « Je ne peux pas me représenter » ;

— une demande de réassurance : « Explique-moi » ;

— la crainte de la soudaineté : « D'où ça vient ? » Toutes impressions qui relèvent d'une angoisse archaïque : la solitude.

La solitude, c'est envoyer un message qui n'est pas décodé ni pris en compte par autrui.

Nous en arrivons, après ce détour dans la « vraie vie », à l'inquiétante étrangeté dans la fiction, en particulier dans les dessins animés. Comme nous l'avons vu, l'inquiétante étrangeté provient de la concomitance d'une impression de nouveau et de déjà connu, sans référence nette à un événement.

Au cinéma, à la télévision, un enfant placé devant des images qui, pour lui, n'évoquent rien, s'en désintéresse rapidement. Pour marquer son mécontentement, il bouge, s'agite, s'énerve. Autre comportement significatif : il se cache les yeux, se bouche les oreilles… mais tient à savoir la suite. Autant de signaux d'inquiétude qui, eux, n'excluent pas le compréhensible, mais font appel à une activité imaginaire intense.

Deux cas de figure se présentent :

— l'effet est néfaste parce que « inélaborable » et provoque des symptômes, telles les terreurs nocturnes ;

— l'effet est bénéfique et permet de poser des questions, de souhaiter prolonger l'histoire par un dialogue avec des aînés.

Précédé de son « il était une fois… », le conte oral fait d'emblée entrer dans la fiction. Le dessin animé, s'il ne pose pas d'entrée de jeu la dimension de l'imaginaire, sème le trouble, la confusion entre réalité et fiction.

L'univers imaginaire est signifié par l'éloignement géographique, dans le temps, ou par la métamorphose des personnages (les humains sont transformés en animaux, en jouets... C'est devenu si facile avec le virtuel). Le monde enfantin est peuplé de ces arrangements avec la réalité qui, souvent, ne répond pas à ses désirs ! Dans *Kirikou et la sorcière*, les situations sont inquiétantes, voire angoissantes, mais le réalisateur Michel Ocelot nous installe d'emblée dans un bain de merveilleux. Si la sorcière paraît dangereuse, la seule présence de Kirikou rassure. Dès sa naissance, Kirikou parle, marche, décide, réfléchit, trouve solution à tout. Il n'a aucune des caractéristiques d'immaturité d'un vrai bébé, ne représente pas un passé mais un avenir : le possible.

L'image, dans ce dessin animé, propose à la fois esthétique et sujet de réflexion. On assiste au combat d'Éros contre Thanatos — aurait conclu Freud —, de la vie contre la mort. Et c'est la vie qui triomphe. Le spectateur adhère au message. Il ne subit aucune violence et se glisse avec plaisir dans l'histoire. Pas un mort dans *Kirikou*, et pourtant que d'aventures !

Un autre type de dessin animé démontre que le concepteur est à cent lieues des capacités d'assimilation de son jeune public. Les personnages ont des voix, des visages, des costumes d'enfants, mais des tailles, des paroles et des conduites d'adultes. Ils réalisent des prouesses inaccessibles aux enfants, ne serait-ce qu'en raison des interdits de la société : piloter une voiture, un avion, manquer l'école... Le doute plane : possible ou impossible ? La rage et l'impuissance submergent les plus fragiles : « Je suis nul... Si je faisais comme eux... » Mal balisée, la frontière réalité/fiction devient une corde raide sur laquelle il est difficile de garder l'équilibre. Prendre ses désirs pour la réalité présente des dangers :

— vivre dans un monde d'illusion, sans communication avec autrui ;

— tenter de réaliser, en vrai et non plus « comme si », ce qui a été vu sur l'écran : conduire la voiture en cachette ;

— régler ses comptes avec ses rivaux de manière musclée ;

— faire l'école buissonnière.

Dans un film, la mort du méchant soulage et satisfait : l'histoire se termine bien. Puis sourd l'angoisse : cette inquiétante étrangeté ne dissimule-t-elle pas une ressemblance, même infime, entre le méchant et moi ? Et comment se débarrasser de ce gêneur ? En revanche, si le méchant ne meurt pas, qu'il se transforme en bien, devient une sorte de double de notre « bonne conscience », tous les espoirs sont permis. La vie continue puisque le changement est possible.

Adulte, on se souvient du désespoir enfantin qui nous faisait soupirer : « C'est impossible ! », devant un exercice scolaire nous paraissant insurmontable. Et nos parents de répondre : « Cherche et tu trouveras. »

« Je me dis que c'est impossible, une fois de plus…C'est que je n'ai pas assez réfléchi. » (Kirikou)

« Impossible n'est pas français. » Petite phrase efficace, à condition d'être suivie d'un dégagement ouvrant une piste sur le possible. Dans le cas contraire, elle renvoie l'enfant à une incapacité doublée de solitude : « Petit je suis, petit je resterai… Sauf si, par magie… Mais, la magie, j'y croyais quand j'étais bébé ; maintenant, je sais que rien ne vient tout de suite, qu'il faut attendre, chercher, faire des efforts, rater… »

« Quand tu seras grand, disent les parents. — Mais je suis grand ! », proteste l'enfant qui s'habille, mange, se lave seul. Être grand, un rêve inquiétant selon certaines séries mettant en scène des adultes pourchassant des enfants. De vrais adultes et de vrais enfants, non pas des ogres ou des sorcières traquant des Petit Poucet. Des êtres humains du XXIe siècle munis d'engins technologiques perfectionnés, d'armes chimiques dont on a entendu les méfaits aux informations. Du faux-vrai, du vrai-faux ? Difficile de s'y retrouver dans ce substitut de vie. Y croire ou ne pas y croire, là est la question. À qui demander ? D'abord à soi-même. Si l'on peine à trouver une réponse, se renseigner auprès d'un « grand ». Des exemples limpides dissiperont le désarroi.

Pour conclure, l'inquiétante étrangeté peut se scinder en deux catégories : celle qui anéantit et celle qui peut donner à penser. Pour que la seconde domine, il est nécessaire que le spectateur sache dans quel cadre (histoire vraie ou fiction) il se trouve. Par ailleurs, le « déjà connu » nécessite suffisamment de distance avec le vécu propre du spectateur pour éviter que la confusion ne l'envahisse.

Les identifications

« Quand je serai grand... »

Se prendre pour... Être comme... Ces deux formulations marquent des stades distincts d'identification. « Se prendre pour » n'implique pas une réelle différenciation moi/autrui. Au contraire, c'est une attitude qui aurait fait la joie de Pierre Dac. Elle a une connotation délirante, attribuée à ce qu'on nomme communément la folie : se prendre pour Napoléon, un saint ou tout autre personnage prestigieux. Un individu, au comportement étranger à ce qu'il est censé être, semble avoir perdu le sens des réalités : « Pour qui te prends-tu ? », lui fait-on remarquer. « Être comme » revêt une dimension différente, dans la mesure où le « jeu » — l'espace entre soi et les autres — est maintenu. Ce processus d'identification intègre non seulement les actes mais aussi les caractéristiques de la personnalité du modèle.

L'identification est un acte de création psychique indispensable à la construction de l'individu. En se différenciant des autres tout en les imitant, l'enfant, dans sa deuxième année, commence à s'humaniser vraiment.

Jusqu'alors, il était nourri, lavé, habillé par sa maman. Les jeux d'imitation à l'aide de poupées et d'objets du quotidien le feront sortir de cette passivité. Il voudra expérimenter ces pratiques dans la « vraie vie » et « faire tout seul », début d'une nouvelle étape d'individuation.

Retrouver, sur un écran de télévision ou dans une histoire racontée par les parents, des personnages qui agissent comme lui, le met en joie et le sécurise. Et si, à l'histoire racontée, les parents intègrent les petits héros d'un film, l'imaginaire de l'enfant s'enrichira par la remémoration d'un plaisir partagé.

Faire comme les Télétubbies, Petit Ours ou Franklin la Tortue, contribue à la construction de l'enfant autant que de jouer à la dînette ou au vaillant capitaine des pompiers. Le dessin animé fait partie de l'univers de l'enfant et lui permet de s'identifier doublement à l'adulte puisqu'il provient d'une même source utilisée par petits et grands : le poste de télévision.

Le soir, dans les familles, la même scène se renouvelle. Les plus jeunes piquent une colère et refusent d'aller se coucher, alors que l'on accorde aux plus grands le droit de poursuivre la soirée devant la télévision. Dans cette ambiance orageuse, il est difficile d'expliquer à un petit que le même plaisir ne se partage pas entre tous de façon équivalente. Les grands, allant déjà à l'école primaire, admettent évidemment mieux cette discrimination qui les avantage. En fonction de leurs goûts, mais aussi de leur compréhension raisonnée (programmation, heures de diffusion, etc.), ils sélectionnent d'eux-mêmes en grandissant les programmes qu'ils souhaitent visionner, quitte à les enregistrer, et de ce fait choisissent leurs héros préférés.

Généralement, à partir de six ans, au sortir de la *crise œdipienne**, le choix des héros est fonction du sexe de l'enfant. Auparavant, les identifications sont nettement moins sexuées. Les concepteurs proposent aux plus jeunes des héros anthropomorphes qui leur rappellent leur « doudou » préféré : ourson, lapin, tortue, souris.

Rondeur et douceur sont de mise : l'aspect maternel, rassurant, plaît aux petits.

Dès que l'enfant marche et se sent indépendant, il réclame des personnages plus toniques, plus typés, dont il peut rapidement distinguer qu'il s'agit d'une fille ou d'un garçon. Notons que Mickey, malgré l'apparition de Minnie dès *Steamboat Willie*, le premier dessin animé sonore, en 1928, a été, comme Tintin, l'objet d'identifications massives, tant des garçons que des filles. Les garçons se retrouvent dans les actions spectaculaires, les filles apprécient la beauté et la gentillesse. L'unanimité se faisant sur la sympathie dégagée par les deux héros. Ce sont leurs attitudes à la fois enfantines et adultes — sans âge, pourrait-on dire — qui rendent possible l'identification par tous.

Plus compliquée se révèle l'identification dans un dessin animé mettant en scène des bandes d'enfants. Ces groupes sont généralement bisexués, filles et garçons y remplissent des rôles bien différenciés. Avec leurs manières très libres, leur autonomie de déplacement, ils ont souvent des comportements d'adolescents. Quand le scénario propose une aventure proche de la vie imaginaire des plus jeunes, l'identification avec l'un des membres du groupe est aisée. Elle favorise l'envie de grandir, donne à l'enfant le pouvoir de s'imaginer agissant dans une vie future. Que l'histoire se situe dans un monde de fiction ne freine pas l'identification, au contraire. *Harry Potter*, ce phénomène d'édition — qui déferle sur les écrans —, suscite la rêverie attendue par ses lecteurs. L'identification devient possible grâce, à la fois, à la proximité et à l'éloignement du personnage. Jeune sorcier, il n'en est pas moins un enfant, puis un adolescent qui, dans sa vie de tous les jours, est confronté à des expériences, des décisions à prendre. Il se pose les mêmes questions, a les mêmes états d'âme que chacun des enfants qui le lisent.

Ce « pareil/pas pareil » est un point commun à tous les dessins animés qui plaisent. Les personnages vivent dans un espace imaginaire où le jeune spectateur peut se reconnaître, tout en gardant assez de distance avec ses héros, car ce n'est pas « en vrai » !

Dans une fiction, la menace devenant trop angoissante, l'enfant, désemparé, ne peut pas gérer ses émotions en s'identifiant à un « bon » personnage. Il va s'identifier à l'agresseur. « En jouant le rôle de l'agresseur, en lui empruntant ses attributs, il se transforme de menacé en menaçant », souligne Anna Freud[1]. Ce stade est normal, et même nécessaire au développement de la personnalité : l'enfant commence à intégrer la critique qui, plus tard, à l'âge de raison, évoluera vers l'autocritique. Un comportement trop fréquent d'identification à l'agresseur peut néanmoins constituer un mode de relation qui ne favorise pas la socialisation.

Quand un enfant se comporte agressivement à la sortie d'un film, c'est qu'il est dépassé par ses émotions et qu'il ne parvient plus à se penser en devenir. « Quand je serai grand, je serai comme », au contraire, signifie le désir de grandir.

Narcissisme et relation à l'autre

« Se prendre pour », « faire comme » pourraient se comparer à ces jeux de rôle où l'on endosse une autre personnalité que la sienne. Ils n'appartiennent pas au monde de la réalité, et les participants, à condition qu'ils ne soient pas dupes, gardent leurs distances. Car, selon D. W. Winnicott, s'il est nécessaire, bébé, « d'halluciner » pour se construire ou se défendre d'agressions extérieures, l'équilibre réclame une adaptation au réel.

---

1. Anna Freud, *Le Moi et les mécanismes de défense*, coll. « Bibliothèque de psychanalyse », PUF, 1993.

L'illusion ne met pas fin au besoin

Le cinéma, la télévision proposent, comme tout support imagé, un monde illusoire, soumis à la subjectivité du créateur ainsi que du spectateur. Les technologies du virtuel, qui proposent d'interagir avec l'image, troublent nos esprits en nous faisant prendre part à des « réalités virtuelles ». La réalité virtuelle du petit enfant, c'est le pouce, substitut momentané du sein maternel et qui procure la satisfaction. Le bébé tout-puissant crée lui-même l'objet de son désir. Pour un court instant. Bientôt, le besoin de l'objet réel se fait impérieusement sentir. « L'illusion ne met pas fin au besoin. »

Face à la télévision, le bébé est plutôt sensible au perceptible : aux mouvements des images, à la lumière, aux couleurs, à la musique. Le regard de sa mère constitue également un écran. Tout d'abord partie intégrante de lui-même (un peu comme les Télétubbies !), il va s'en séparer et l'appréhender comme un reflet de sa personne et des affects qu'il provoque chez elle. Qu'elles soient positives ou négatives, ces expressions du visage de la mère sont indispensables au bon développement psychique du bébé. Elles vont jouer un rôle protecteur mais aussi transformateur de l'environnement. C'est ainsi que l'enfant commence à appréhender le monde. De la réussite de cette phase dépendront pour une large part les apprentissages de type scolaire. Un ordinateur ou tout autre écran ne remplacera jamais cette transmission humaine.

C'est à travers les ressentis de la mère que le bébé comprend le monde.

La compréhension du monde se structure au fil d'expériences physiques et relationnelles. La culture vient ensuite, pour l'étayer. S'imaginer que l'on apprend intellectuellement le monde dès le très jeune âge est une vision d'adulte, l'apprentissage n'a rien à voir avec le dressage.

Le dessin animé appartient à une dimension culturelle, au même titre que l'apprentissage scolaire. Certaines sociétés, des parents souvent bien intentionnés, familiarisent très tôt les enfants avec du matériel culturel. Les résultats ne prêchent pas toujours en faveur de ces méthodes qui prennent de trop jeunes enfants pour de futures bêtes à concours et nuisent au développement harmonieux de leur psychisme.

Le nourrisson prend plaisir aux échanges avec ceux qui l'entourent. Dans l'interaction, par les réponses à ses mimiques, et celles qu'il donne à son entourage, il expérimente aussi bien physiquement qu'émotionnellement le principe de cause à effet : il dialogue. Lorsque les expériences positives priment sur les mauvaises, elles font favorablement évoluer sa vision du monde extérieur. Dans tous les cas, elles resteront conservées comme références.

Des soins mécaniques, indifférents, réduisent le sentiment d'exister à une vision matérielle vitale, entravant l'accès à la construction psychique de son propre monde. Les enfants carencés en soins maternels pour cas de force majeure (guerre, cataclysme...) présentent souvent ces symptômes que Spitz a nommés hospitalisme.

Les dessins animés — comme *Pingu* —, qui s'adressent aux plus petits, tiennent en général compte de cette dimension relationnelle. À travers le lien parental, ils montrent des comportements et des états d'âme, reflets du milieu familial. Le dialogue succinct qui accompagne les images semble parfois simpliste aux parents. Cependant, très proche des verbalisations des petits, il favorise l'identification aux personnages. En écho à l'entourage familial, les images font trace dans sa mémoire, donnant à ses expériences vécues une dimension sociale. C'est sur cette construction autonome de soi, cette capacité à percevoir le monde, que l'enfant élaborera ses relations aux autres, s'en fera des représentations de plaisir ou de déplaisir. Rencontres et découvertes enrichissent le nombre des « possibles ».

La séparation est toujours durement ressentie par l'enfant. Comme un arrachement à son univers familier. Sa représentation imagée la rend partageable. De nombreuses fictions font de la séparation, subie ou souhaitée, une péripétie de leur scénario : *Bambi, Mulan, Le Roi Lion*... Bien traitée, cette situation, admise par le jeune spectateur, concourt à transformer de façon structurante sa vision de l'événement.

Le dessin animé, produit de divertissement, peut aussi ambitionner de produire des images mentales bienfaisantes.

Être avec autrui, c'est en même temps s'en différencier.

La confrontation des représentations enfantines avec celles des adultes ouvre un dialogue fructueux entre les générations.

Ainsi s'opère la transmission.

Le double, ami ou ennemi ?

Du plus loin que l'on remonte dans l'histoire, l'image du double a toujours fasciné. Des récits populaires, des légendes se sont emparés de son mystère, ont brodé sur cette étrangeté de la nature. Vaste allégorie, les figures mythiques de Narcisse, Rémus et Romulus, Castor et Pollux, Faust et bien d'autres font partie d'un patrimoine culturel commun à l'humanité. Le double répond à un besoin existentiel profond qui explique son magnétisme sur les esprits. Il apparaît précocement dans la vie de l'enfant. Dès la fin de la première année, dans les bras de sa mère, l'enfant distingue « un autre enfant » dans le miroir et essaie vainement de s'en saisir. Il lui faudra quelques mois encore pour comprendre que cet autre n'est que le reflet de lui-même.

La gémellité, ce double parfait, qui posait une énigme à nos ancêtres, ne nous intrigue plus, il y a longtemps que la science nous en a dévoilé l'origine. Nous l'acceptons d'autant plus que les progrès de la génétique et de l'obstétrique ont permis de nombreuses naissances doubles, triples, voire plus.

Pour les jumeaux, les vrais, la question du double est posée d'emblée par les parents. Le processus héréditaire du patrimoine génétique, les traits de caractère spécifiques du père et de la mère, vont différencier psychiquement les deux bébés pour que chacun ait son identité propre.

Dans un dessin animé, représenté sous la forme d'un jumeau, le double sème autant la confusion qu'il fascine l'enfant, car il est souvent confondu avec le dédoublement et fait appel au don d'ubiquité. Être ici et ailleurs en même temps, le rêve ! La duplication exalte l'attrait de cette chimère, ouvre une voie royale aux *fantasmes* : si l'un devait périr, il resterait vivant à travers l'autre. Le rêve d'immortalité trouve sa résolution dans la réalisation du double, et les progrès du clonage entretiennent cette quête.

L'ange gardien peut symboliser le double, à l'instar de son adversaire, le diable — un diablotin, dans les histoires pour enfants.

Dans *Archie, mystère et cie*, un angelot et un petit diable soufflent des conseils au héros en proie au doute : un bon *surmoi** lui propose de se dépasser ; un mauvais, de donner libre cours à ses instincts, sans se soucier des conséquences. Auprès de *Pinocchio*, Jiminy le criquet représente le double protecteur. Les mauvais garçons, qui entraînent l'ancienne marionnette à faire l'école buissonnière, personnifieraient plutôt le double négatif.

Le double étant partiel, il finit toujours par désappointer. D'abord comblant, dans la toute-puissance infantile, il devient, à mesure de l'évolution de l'enfant, décevant, puis inutile. Il correspond à la période d'illusion où le doudou ou le nounours sont ces objets moi/non-moi, maman/non-maman, et appartiennent à ce que Winnicott, dans *Jeu et réalité, l'espace potentiel*, appelle l'*espace* *transitionnel**. Un espace de rêverie dans lequel la mère et l'enfant sont acteurs d'une illusion commune : créer. Cette période est indispensable à l'enfant, autant sinon plus que celle où les soins corporels nécessitent un tiers. Un maternage mécanique, sans sourires de connivence ni échanges de mots tendres, et l'enfant se retire dans un monde solitaire. Pour un petit, le meilleur double c'est toujours maman et son regard bienveillant.

Les doubles particulièrement inquiétants des dessins animés ressemblent trop souvent à de « vrais » humains et éveillent la crainte des plus petits. C'est la même frayeur qu'éprouve un enfant de neuf mois devant un étranger ou devant une expression inconnue de sa mère. Ce discernement spontané de l'inconnu, exprimé par des pleurs, indique que la personnalité s'organise, s'individualise.

Sorcières, vampires et autres fantômes surgissant sur l'écran provoquent chez le très jeune enfant une incompréhension angoissante. La maturité requise pour apprécier ces para-humains passe par le jeu de l'imitation, accès au symbole.

La véritable imitation ne se limite pas à une réplique des actions des autres, elle introduit une dimension personnelle : l'enfant s'approprie ce qu'il fait parce qu'il sait qu'il fait « comme si ». On est en présence du fameux « alors je serais… », qui signifie la fiction, comme le « Il était une fois… » des contes. Cet « alors je serais » libère la fantaisie. Un accessoire symbolique suffit pour devenir un shérif, un Indien, une danseuse, une maman…

On dit parfois plaisamment que les acteurs sont de grands enfants, puisqu'ils jouent. Ils se glissent dans la peau du personnage qu'ils interprètent et font « comme si », ou alors ils s'abandonnent totalement, laissant leur double s'emparer d'eux au risque de perdre la notion de la réalité.

Quand l'enfant entre dans l'univers du jeu, tout est possible : il peut jouer plusieurs personnages à la fois. Nous nous souvenons d'un jeune garçon de huit ans qui s'amusait seul dans sa chambre avec deux figurines, un cow-boy et un Indien. Pour les faire dialoguer, non seulement il changeait de voix, mais faisait volte-face à chaque réplique, comme pour donner plus de véracité à la scène ! Car le jeu s'appuie sur le réel.

Le jeu renseigne l'observateur sur le développement psychique de l'enfant qui s'y adonne. Indice utile dans le choix des spectacles.

Regardez votre enfant jouer et vous saurez quoi lui montrer.

Le scénario de plusieurs épisodes des *Pokémon* s'appuie sur un combat entre les enfants et deux adultes menés par un « boss ». Les enfants représentent le bien et les adultes le mal, la tromperie. Les méchants sont toujours perdants, même lorsqu'ils se déguisent en « aimables ». Le stratagème de dédoublement, tout d'abord inquiétant, devient jubilatoire par sa répétition qui permet l'anticipation des jeunes spectateurs. Et ces derniers se réjouissent de la victoire de leurs doubles, les héros auxquels ils s'identifient. Ils prennent ensuite plaisir à rejouer à leur façon de nouveaux épisodes dans la cour de l'école ou dans leur chambre.

Si le double est une copie exacte d'un personnage fabriqué par un autre, il n'a pas d'existence propre. Il n'a pas été « trouvé/créé » par l'enfant, il n'est qu'une reproduction terne mettant peu en jeu la dimension imaginaire. Le double, ami de l'enfant, soutien de son développement, est celui qui parle comme lui, se pose les mêmes questions.

Tout enfant qui se développe dans les meilleures conditions, « par la voie longue », selon Rosine Debray, prend le temps du détour par une réflexion personnelle et trouve des liens entre les événements et leur signification.

Dans *Le Roi Lion* ou *Kirikou et la sorcière* — dessins animés autant dire de référence — sont abordés des thèmes essentiels, questions de tout être humain : la mort du père, le bien et le mal, le pouvoir, l'apparence…

L'anthropomorphisme du *Roi Lion* se prête avec bonheur à la chose. Le « déplacement » sur le fauve permet de jongler avec des questions difficiles. « A-t-on le droit de manger des animaux ? » s'étonnait un bambin, à l'issue du film.

Dans *Kirikou et la sorcière*, le double, le héros, naît en possession de capacités d'adulte. Or, un bébé humain, contrairement au petit de l'animal, ne peut survivre seul. Le jeune public ne prend pas pour une anomalie l'extraordinaire particularité de cet autre qui lui ressemble et à qui il s'identifie. Kirikou est un semblable. Il condense ce qu'il a été et ce qu'il sera. C'est un ami parce qu'il permet de prendre le temps de rester petit… et de grandir.

Bambi propose l'inverse, à travers la naissance d'un petit faon et ses apprentissages difficiles. Les progrès de *Bambi* au cours des saisons durent aussi longtemps que ceux des petits humains et dépendent beaucoup de ce que lui transmettent ses aînés. Le temps est déroulé. Plus semblable à la réalité, il favorise la compréhension des rythmes de la vie.

Le transgénérationnel

Le transgénérationnel, sentiment d'appartenance à une famille issue des lignées maternelle et paternelle, qui ont fait alliance à travers nos parents, est fondateur de notre être au monde.

La famille, c'est une longue histoire…

De nos ancêtres à nos parents et à nous-mêmes, se sont tissés des liens dont la nature se retrouve dans ce que nous transmettons à nos enfants et qui les aide à se construire. Cette histoire est le berceau, c'est-à-dire la place réservée à l'enfant à venir. L'enfant, sujet en devenir, va se constituer en repensant l'histoire à sa façon.

La transmission familiale s'exerce à travers des événements lointains ou vécus par le narrateur. Enjolivée ou dramatisée, l'histoire s'enrichit au fil du temps. Au canevas initial, le « conteur » apporte ses propres interprétations et identifications. Ainsi naissent les sagas familiales. L'enfant la fait sienne, ajoute la note finale, son propre acquis. Plus tard, fort des vertus familiales remaniées au long de sa vie, le cycle ne sera pas rompu : l'histoire passera à la génération suivante.

Il n'est pas rare que l'on compare très tôt l'enfant à un grand-parent ou à un collatéral particulièrement investi. Cette comparaison, positive ou négative, influence le comportement de l'enfant et sa relation avec celui ou celle à qui on veut l'identifier. Il se soumet à cette identification ou s'en dégage, porte son choix sur d'autres personnes appartenant ou non à la famille.

Avec la socialisation, les enfants diversifient leurs modèles, les choisissent eux-mêmes. À son grand-père, le petit-fils préférera peut-être un enseignant, un acteur ou un sportif.

Les personnages de fiction — non pas l'acteur mais le héros qu'il interprète — deviennent souvent des modèles identificatoires. Il en est de même pour les personnages principaux des dessins animés, pour lesquels l'intérêt se renforce lorsque l'enfant décèle une situation familiale similaire à la sienne, ou idéalisée. Le fils du Roi Lion, héritier d'une lignée de monarques, parle sagement de la « mission » que lui ont transmise ses aînés. Il évoque cette dignité tant sur le plan familial que dans le cadre de la fonction sociale. Par son comportement, il trouve place dans la « famille » des contes merveilleux. Qu'ils soient de Perrault ou de Grimm, les contes inscrivent les personnages dans une généalogie réelle ou symbolique. Les mythes et les légendes également. L'arbre généalogique des dieux de l'Olympe, au premier abord si compliqué par des naissances de différents lits, ne présente pas de difficultés pour les enfants de familles dissociées.

Cendrillon et *Blanche-Neige* donnent la mort de la mère à l'origine de la famille recomposée et, dans les deux histoires, les relations conflictuelles avec la belle-mère font mûrir très vite les fillettes.

Lors de la phase du *roman familial** (huit-dix ans), où tout enfant remet en cause ses liens de parenté, le monde de l'imaginaire devient un support étayant. Il permet de s'interroger ou de poser les questions embarrassantes en les déplaçant sur le héros. Les marâtres de *Cendrillon* ou de *Blanche-Neige* sont propices à l'interrogation sur les liens mère-enfant. Gênante dans la réalité, une question se pose plus facilement sous le couvert de la fiction.

Pour les parents, le dessin animé constitue un moyen favorable pour s'entretenir avec l'enfant lorsqu'ils hésitent à aborder un sujet délicat, comme la perte d'un proche ou une éventuelle séparation. Le visionnage d'une cassette est l'occasion d'échanges, de questionnements.

Ainsi, dans l'histoire de *Kirikou*, la mère du héros en appelle-t-elle au souvenir du grand-père, dont la sagesse peut se transmettre aux descendants. L'ordre des générations est signifié et l'enfant peut symboliquement s'y référer. La tristesse de la mère de Kirikou est bien réelle, mais elle transmet la vie à son enfant et, malgré son inquiétude, par sa confiance, l'autorise à la vivre. Cette mère est suffisamment bonne : elle permet à l'enfant de faire ses expériences au bon moment. Elle porte également la parole du père, « suffisamment bon » lui aussi, et qui, s'il était là, dirait en quelque sorte : « Va, je te fais confiance, tu peux le faire... » Kirikou part à sa recherche. Il ne se contente pas du discours des femmes du village, il veut en avoir le cœur net.

Pendant le déroulement de la cassette, des commentaires tels que : « Moi, mon grand-père, il habite très loin », « Moi, mon grand-père, il m'apprend à pêcher », « Moi, ma grand-mère, elle est morte », et bien d'autres, attestent du lien que l'enfant trace entre son grand-parent réel et celui de l'écran.

Dans *Princes et princesses*, la présence bienveillante du « vieux Monsieur », qui aide techniquement les enfants à « réaliser leurs rêves », est du même ordre. Lors de la projection d'un dessin animé qui ignore les générations précédentes, les réflexions des jeunes spectateurs sont significatives : ils veulent donner au héros une origine parentale ou, mieux, le situer dans une généalogie.

Depuis quelques décennies, avec le poids du « jeunisme », l'apparence des générations tend à s'uniformiser. La mère emprunte les vêtements de son adolescente de fille. Le père se sangle dans les jeans du fils et adopte sa coupe de cheveux. Grand-père fait du tennis et mammie prend un abonnement à l'institut de beauté. Or, la différenciation nette des générations a un effet structurant nécessaire sur le psychisme de l'enfant, et la confusion des représentations renforce la confusion des rôles.

À travers le dessin animé, la fiction parvient à opérer un recadrage, aide à signifier ce lien asymétrique qui unit parents et enfants mais ne leur accorde pas les mêmes prérogatives. Kirikou obéit à sa mère, le fils du Roi Lion est très respectueux de son père. Ces comportements ne sauraient avoir qu'une influence bénéfique sur le psychisme du jeune spectateur.

L'enfant ne s'oppose pas à l'autorité parentale quand cette dernière est bienveillante et que des explications l'accompagnent, dans le calme et la tendresse.

Si cette différence n'est pas affirmée à l'enfant, comment peut-il avoir envie de grandir et aspirer à devenir lui-même parent ?

Les relations fraternelles

« Un frère est un ami donné par la nature. »

« Sois mon frère ou je te tue ! »

Deux façons, aux antipodes l'une de l'autre, d'envisager les relations fraternelles. Adversité, fraternité… Haine, amour… Au crime de Caïn répond le mythe de

Castor et Pollux unis dans l'immortalité. La Bible, les mythologies fourmillent d'exemples de rivalités ou d'amitiés fraternelles. Les contes fourmillent de ce thème propice à mille variations, et les dessins animés ont suivi.

Dans le conte, les méchantes sœurs de Cendrillon — qui ne sont pas sœurs de sang — ont des agissements extrêmes et un peu simplistes dans leur noirceur. Version contemporaine, les dessins animés personnifient la rivalité fraternelle par des camarades jaloux, des rivaux malhonnêtes dans des compétitions *(Angela Anaconda, Pokémon, Toy Story...)*.

La confrontation au parent du même sexe, lors de la crise œdipienne (quatre-six ans), engage l'enfant dans la voie de la culpabilité. Le danger sous-jacent de représailles l'incite fortement à se dégager au plus vite de cette situation et le déplacement de son agressivité sur un frère ou une sœur constitue, en somme, un honnête compromis. Extérioriser son agressivité envers un égal comporte moins de risques qu'envers un adulte, sur lequel on est loin d'avoir le dessus.

Les dessins animés mettant en scène les conflits dans les fratries ou les rapports explosifs entre camarades satisfont les enfants qui y puisent motifs à soulagement. Les Trois Petits Cochons, les neveux de Donald, les nains de *Blanche-Neige* illustrent ces relations fraternelles. Savamment distillé, un mélange d'amour et de rivalité se calque sur ce que vivent les jeunes entre eux. Chacun s'y retrouve. Les émotions, la conduite des personnages, si familières soient-elles, prennent une dimension symbolique : dans la mesure où elles sont partagées par le groupe, elles renvoient à la normalité. Le degré de culpabilité, la honte des réactions agressives envers un être cher s'amoindrissent, libèrent un espace de réflexion. La négociation peut s'envisager.

Le cinéma d'animation prend souvent pour thème les relations fraternelles comme substitut des relations parents-enfants. Ces situations donnent souvent lieu à de touchantes manifestations de dévouement. Les parents disparus, de grands frères, de grandes sœurs prennent soin des petits, au besoin se sacrifient pour eux. *Le Tombeau des lucioles*, du Japonais Isao Takahata, est un modèle du genre. À la mort de la mère, le grand frère s'occupe de sa petite sœur. Pour lui rendre la vie plus douce, il transforme des situations dramatiques — le Japon est en guerre — en prétextes à jeux. C'est d'une poésie pure, romanesque sur fond de réalisme. Néanmoins, et bien que suggérée, la mort de la petite fille peut avoir un effet traumatisant sur les jeunes enfants et les fréquents allers et retours du réel à l'onirisme rendent la lisibilité de l'histoire un peu complexe. Cependant, et là est notre propos, dans ce très beau film d'animation, le grand frère remplit parfaitement son rôle de transformateur, de parent supplétif.

La compétition, sportive ou au sein d'un jeu, fait partie du quotidien des enfants, et on peut la considérer comme le destin heureux de la rivalité fraternelle. *Pokémon*, avec sa formule « Attrapez-les tous », donne le ton dès le générique : la concurrence entre les « gentils » et la bande rivale. Les jeunes spectateurs d'âge scolaire, animés par l'esprit de compétition, partagent cette émulation et prennent verbalement fait et cause pour les « gentils », mais aussi en participant à la course proposée par le marketing : collectionner les vignettes !

L'enfant qui entre dans la période d'apprentissage va substituer à la « rivalité-jalousie » la compétition dans la course aux connaissances nouvelles. En règle générale, les garçons d'âge scolaire s'orientent vers des activités physiques, jeux socialisés et sports, alors que les filles donnent priorité à la séduction.

Qu'il soit garçon ou fille, l'enfant dit de la *latence* (période de la scolarité primaire) cherche la reconnaissance nécessaire pour pouvoir attendre le moment où il sera « pour de vrai » comme papa ou comme maman.

Contrairement à une idée reçue, sa vie imaginaire ne se met pas en repos. Elle se transforme, utilise davantage les éléments de la réalité.

La peur et l'angoisse

La peur, l'angoisse… Des états perturbants bien souvent confondus, qui se différencient pourtant par leur origine :

— l'angoisse est un « signal » qui prévient d'un danger connu ou inconnu et qu'on ne peut se représenter bien que déjà rencontré ;

— la peur, au contraire, se rapporte à un objet ou à une situation précise. Elle peut être réelle, suscitée par une personne, un animal, etc., ou imaginaire, suscitée par l'appréhension du loup, de l'ogre, d'un voleur…

Pour gérer ces émotions, l'individu utilise des stratégies plus ou moins efficaces et qui varient avec l'âge.

Aux environs de trois ans, la vie imaginaire de l'enfant se développe intensément. À travers les jeux, il exprime à la fois ses propres émotions et celles qu'il attribue à ses proches. Tout au long de la période qui recouvre l'âge de l'école maternelle, les imitations, puis les fictions, occupent une bonne partie de son espace ludique. Elles seront de plus en plus socialisées et symbolisées. Parallèlement à la mise en place de fictions où l'enfant vit sans danger des situations éprouvantes, l'intensité émotionnelle dans la vie réelle diminue, grâce à ces *mécanismes de défense**, véritables protections psychiques pour apaiser l'angoisse.

Vers sept ans (l'âge de raison), les représentations imaginaires et les vécus socialisés sont liés si le développement de l'enfant s'est fait de façon harmonieuse.

L'effet télévision prend des formes diverses selon l'âge : attraction pour tout ce qui bouge, appréhension, rejet, crainte, voire peur panique. Lorsque les images sont trop rapides ou trop bruyantes, par exemple. La présence des parents et leur choix du spectacle offrent aux jeunes spectateurs un moyen efficace de maîtriser leurs émotions autrement que par la fuite ou une explosion de colère. Il s'agit pour l'accompagnateur d'être un « transformateur » d'émotions, de faire en sorte que l'enfant retrouve le sentiment de sécurité devenu défaillant.

La peur est un obstacle comme un autre. Quand les aventures du héros l'amènent à subir des épreuves dangereuses, sa victoire le confirme dans sa vaillance. Si le Petit Poucet n'avait pas rencontré l'Ogre, il n'aurait pas eu à imaginer un stratagème pour s'en débarrasser. Non seulement l'histoire serait devenue banale, mais peut-être plus inquiétante, car trop proche des préoccupations du jeune enfant. Se perdre est une crainte fréquente chez les petits encore soumis à l'angoisse de la séparation. Déplacer l'angoisse sur une situation imaginaire autorise un dénouement heureux : le Petit Poucet s'empare des bottes de sept lieues et regagne avec ses frères le foyer familial.

Le merveilleux, la fiction qui fait peur mais se termine bien génèrent un plaisir indicible. Tous les enfants ont un goût instinctif pour la peur, la peur « pour de rire » ! « Fais-moi peur », dit le jeune enfant à l'adulte, beaucoup plus souvent que : « Fais-moi rire. » Il le dit sous différentes formes : « On joue au loup », « Je me cache et tu m'attrapes », « On dirait que tu serais une sorcière », « Tu voudrais me manger », etc. Formulations multiples signifiant que l'enfant ne se trouve pas dans une situation d'angoisse destructrice mais qu'il maîtrise la situation. Il sait qu'il joue, que l'on fait « comme si ». Que le loup-papa redeviendra papa dès la fin du jeu. Le cadre est fixé par l'enfant et la durée du jeu en fait partie. En la prolongeant, on risque de rendre la situation insupportable et confuse, entraînant la frayeur.

Dans un spectacle de cinéma ou de télévision, lorsque s'équilibre le dosage entre crainte et satisfaction, l'enfant est ravi de raconter lui-même combien il a eu peur et que « heureusement le héros a réussi ceci ou cela ». Ainsi, il s'identifie à un héros qui se dépasse. Il lui arrive de rejouer certaines scènes du film, même celles qui lui ont fait peur, car maintenant il connaît leur issue favorable. Au contraire, quand les efforts du héros restent vains (comme dans *Le Tombeau des lucioles)*, la réponse par le cauchemar remplace le jeu. L'angoisse provient ici, non seulement de la mort de la petite sœur, de l'impuissance du héros, mais également de la dimension inconsciente enfouie et suscitant la culpabilité du spectateur : les souhaits de mort sur l'enfant puîné.

Sur l'écran, ce que l'enfant regarde ne dépend pas de lui. Il peut se cacher sous le siège pour ne pas voir, mais aussi pleurer ou demander à sortir. Incompréhension et crainte face à des situations qui l'agressent en sont souvent la cause.

Pour les parents, le choix n'est pas simple. Comment savoir que, derrière une technique communément utilisée pour s'adresser aux enfants, le dessin animé, peut se cacher un scénario inquiétant ? Les flashs lumineux entre les images et les volumes sonores démesurés qui clouent sur place sont des subterfuges pour maintenir le spectateur fasciné. Une histoire de qualité n'a pas besoin d'employer de tels moyens.

Il est rare d'aller voir un film avant ses enfants et, en tout état de cause, ce qui est inquiétant pour l'un ne va pas forcément l'être pour l'autre du même âge. Là encore, l'importance de l'accompagnement est primordial. L'adulte présent peut repérer les signes de mal-être et interrompre le visionnage. Tout cela devra ensuite être abordé.

Dans la fiction, l'étrange n'est source de satisfaction que s'il est imaginable, accessible à la représentation mentale. Il peut être pensé et relié à d'autres situations. *Toy Story* est imaginable parce que l'*animisme* (le souhait d'animer l'inanimé) fait partie du développement psychique. L'enfant joue avec ses poupées ou des figurines en leur donnant vie, comme il attribue à ses animaux de compagnie des intentions et des capacités semblables aux siennes. Fond précieux des dessins animés, les animaux anthropomorphes, comme dans les rêves, se chargent des caractéristiques typiques d'une aptitude ou d'une valeur morale.

Les personnages de petite taille, ou immatures, confrontés à des adultes ou à des animaux méchants, font également partie des identifications privilégiées. Tous les enfants se sentent petits mais souhaitent grandir. Kirikou, le bébé, par son comportement d'adulte dans un corps de petit garçon, constitue le prototype même de l'enfant en devenir.

Se remémorer le passé et anticiper de nouvelles expériences aide à maîtriser la peur.

Ce n'est pas le non-dit qui évite les représentations anxiogènes. Les échanges verbaux allègent l'angoisse et la rendent gérable.

L'image et le temps

Qu'elle soit fixe ou animée, l'image a toujours un rapport avec le temps. Sa facture et le support qui la reproduit — presse, affichage, prospectus… — livrent des indices qui désignent son époque, situent sa provenance. Une représentation photographique ne saurait être antérieure au XIXe siècle, mais une inscription sur un rocher peut aussi bien appartenir à la préhistoire qu'à l'art contemporain. Par son style, un tableau livre son âge et parfois même l'identité de son créateur. Une photo de famille, d'après les personnages, le décor, les costumes, permet de retrouver la date approximative de la prise de vue.

L'image animée implique une autre conception du temps, le temps en action. Le scénario d'un film progresse, en général, de façon classique ; il pose une situation et passe par une succession de péripéties qui en déterminent le dénouement. Le spectateur sait pertinemment que ce qu'il voit sur l'écran ne se déroule pas en temps réel. Pourtant, la vraisemblance de certains scénarios nous fait adhérer subjectivement à l'action : sous l'effet des émotions, nous faisons appel au temps psychique, composé de remémorations et d'anticipations.

Plus il est jeune, plus l'enfant conçoit le temps en regard de ses besoins biologiques internes — la faim, le sommeil… — qui donnent à leur répétition une allure cyclique. Avec la socialisation et l'ouverture sur le monde extérieur, le temps va se concevoir de manière linéaire, avec un commencement, un milieu et une fin. Les questions sur l'origine de la vie, sur la mort indiquent à l'adulte que l'enfant conçoit alors le temps de manière moins égocentrique, qu'il cherche des réponses à des préoccupations communes à tous les humains. Comment le dessin animé peut-il satisfaire ce questionnement ?

Dans *Kirikou*, la naissance d'un bébé doué de la parole annonce la fiction, tout en posant la problématique : le désir de s'identifier aux aînés, d'être autonome et de se dépasser. L'œuvre est scandée par la ritournelle « Kirikou est petit, mais… », qui maintient l'espoir lié aux qualités morales du héros, indépendamment de son jeune âge. Sous une autre forme se retrouve la thématique du Petit Poucet que sa petite taille avantage. Judicieusement utilisée, elle autorise des exploits impossibles aux plus grands. Les actions de Kirikou sont déterminées par la volonté de réussir là où d'autres ont échoué et par le désir de comprendre. Pourquoi la sorcière est-elle si cruelle ? Pourquoi les hommes du village ne se rebellent-ils pas ? C'est parce que les réponses qu'il obtient ne le satisfont pas, et grâce aux conseils de sa mère, que le héros entreprend un long voyage initiatique jalonné d'épreuves afin de retrouver sa « préhistoire », son grand-père, symboliquement « enterré » sous une montagne éloignée. Conforté dans ses capacités, il mène à bien la mission qu'il s'est imposée.

Voyons ce qu'il en est des *Pokémon*. Les enfants interrogés répondent majoritairement qu'ils n'aiment pas, dans ce film, que les personnages n'aient pas de parents. Sacha et ses amis se suffisent en effet à eux-mêmes : pas d'avant ni d'après. Les épisodes fonctionnent en boucle, répétitivement, avec la même construction fondée sur le conflit avec la bande rivale. Le dénouement est immuable : échec des méchants — Team Rocket — et réussite des bons — Sacha et ses amis.

Si les situations ne donnent pas matière à penser, on pourrait espérer que leur côté répétitif rassure les plus jeunes. Ce n'est pas le cas. Souvent agressif, le contenu leur est incompréhensible — impression que bien des adultes partagent. Similaires et intemporels, les épisodes se succèdent, créant un aspect pseudo-fédérateur dans la « vraie vie », du fait de la consommation massive de gadgets.

Les dessins animés japonais sont presque tous construits sur le même principe. *Dragon Ball Z*, entre autres, paru en bande dessinée vendue en kiosque, a été diffusé en série de films de courte durée. Pour que le lecteur ou le spectateur ne décroche pas, chaque épisode doit être un « moment fort ». L'attrait, pour une succession d'aventures de plus en plus captivantes, se maintient par le spectaculaire, ne lésine pas sur les catastrophes et les explosions en chaîne.

Les grandes caractéristiques des dessins animés de Walt Disney, dès la naissance de Mickey, son personnage fétiche, ont été longuement étudiées par Sergueï Eisenstein, le réalisateur du *Cuirassé Potemkine*. Disney s'appuie sur du vivant : il est son propre modèle et Mickey le symbolise, dessiné sous la forme d'un animal humanisé. L'histoire de la sémillante souris se déroule au quotidien, on y retrouve des lieux de vie, des sonorités, des objets qui ne sont pas éloignés de notre vie de tous les jours — du moins pour ceux vivant dans les pays industrialisés ! L'imaginaire subsiste grâce à la métaphore animale digne de La Fontaine. Disney traite les contes de la même manière, il en conserve le canevas et agrémente le visuel d'ajouts personnels, comme les oiseaux ou les souris qui parlent et chantent dans *Cendrillon*.

Le Roi Lion, en 1994, renouvelle le succès de *Bambi* (1942) en utilisant la progression de la vie, de l'enfance à la maturité. Dans ces deux films, les animaux vivent dans leur milieu naturel et ressemblent aux humains par leurs actes et leur langage.

Le « temps-rythme » étant dès la naissance soumis au biologique, le manque — fatigue, biberon qui tarde… — permet au bébé de faire l'expérience de l'attente, avec une satisfaction à plus ou moins long terme. Lorsque cet espace-temps est supportable, que la frustration ne dure pas trop longtemps, il laisse la place à la rêverie. Lieu de l'imaginaire, potentiel de créativité, c'est l'espace transitionnel décrit par Winnicott. La certitude de trouver satisfaction après l'attente permet d'espérer sereinement. L'illusion primordiale de la fusion mère-enfant idéale est ainsi remplacée par une adaptation en quelque sorte substitutive liée à la « défaillance » du maternage. Si le laps de temps s'avère supportable et que les expériences précédentes ont apporté satisfaction, l'enfant engage sa créativité pour penser. Dans le cas contraire, le désarroi bloque cette capacité.

C'est toute la force des dessins animés cités plus haut *(Kirikou et la sorcière, Bambi, Le Roi Lion)* qui s'adressent à ce que l'enfant ressent, à son imaginaire, mais aussi à ses doutes quand le déroulement de la vie est marqué d'épreuves ou de rites de passage qui font « devenir grand ». Devenir grand, c'est devenir comme papa, comme maman. C'est avoir envie du « plus tard ». D'en jouer, de ce « plus tard », de « faire comme si », de rêver, d'imaginer, de poser des questions pour savoir…

Mais aussi, comme Kirikou, d'expérimenter et parfois de commettre des erreurs, celles qui font franchir des étapes pour progresser.

Deuil dans l'image, deuil de l'image

Notre société, qui s'est libérée de bien des tabous, conserve encore dans l'éducation des enfants deux domaines où la transmission se fait difficile : la sexualité et la mort.

Nombre d'adultes se plaignent du silence de leurs parents sur ces sujets sensibles, on leur cachait la mort d'un proche, sous prétexte de protéger leur innocence. Secret de famille « suintant », selon l'expression de Serge Tisseron[1], et sur lequel se construisaient des scénarios pires que la réalité et générant une intolérable angoisse. Leur expérience aidant, ces adultes devenus parents souhaitent une plus grande clarté vis-à-vis de leurs enfants. Pourtant, ils ressentent bien souvent un grand malaise et ne trouvent pas les « mots pour le dire ». Tout au long de notre vie, la mort nous inflige des *deuils**, nous impose la déchirure d'une perte. La perte des êtres chers est des plus douloureuses et sa simple évocation nous attriste.

Mais, perdre, c'est aussi apprendre à être seul, reconnaître l'existence séparée d'autrui, prendre conscience de la différence. La différenciation permet de faire le deuil d'une illusion : celle de ne faire qu'un avec l'autre. La mélancolie qu'elle engendre dans un premier temps évolue pour donner la satisfaction d'avoir surmonté un cap difficile. Pour le jeune enfant, c'est un vrai plaisir : « Moi tout seul ! », dit-il à sa maman qui veut l'aider.

Si cette mère vit ce moment comme un abandon de la part de son enfant, sa crainte peut freiner l'enfant dans la découverte de ses capacités et l'inciter pour ne pas

---

1. Serge Tisseron, *Secrets de famille*, coll. « Parole ouverte », Ramsay, 1996.

peiner sa mère à renoncer, la nouvelle étape n'étant pas valorisée.

Les dessins animés, ainsi que les contes de fées, comportent souvent la mort d'un parent. Celle de sa mère pour Bambi, de son père pour le Roi Lion. Quant à Kirikou, il naît alors que l'on considère son père comme mort, à l'instar de presque tous les hommes du village.

Dans les trois films, la mort est une épreuve. Mais, malgré la souffrance, les trois héros vont vaincre les difficultés et construire leur vie. Ils appartiennent à la catégorie des « résilients » (ils résistent aux chocs), selon Boris Cyrulnik, qui relativise les turbulences du destin : « On s'est toujours émerveillé devant ces enfants qui ont su triompher d'épreuves immenses et se faire une vie d'homme, malgré tout. Le malheur n'est jamais pur, pas plus que le bonheur[1]. »

Lors de la projection de ces trois films, les réflexions enfantines sont symptomatiques : « J'aime pas, parce qu'ils n'ont pas de parents. » Toutes confirment l'émotion ressentie par la présence ou l'absence d'un parent. Les parents ne figurent pas dans *Pokémon* et les jeunes spectateurs critiquent cette absence et l'interprètent parfois comme une mort.

La vision d'un personnage de leur âge sans parents, et dont l'origine n'est pas représentable, provoque plus d'inquiétude que la disparition signifiée d'un parent du héros. On ne peut perdre que ce que l'on a eu. Le manque n'est pas le « rien ». Au contraire, c'est du « déjà eu » auquel, même absent, on peut se référer. En son absence, symboliquement, le souvenir lui rend vie.

Filmée, racontée ou écrite, toute histoire contient, dès son commencement, l'obligation de conclure. Le spectateur, l'auditeur, le lecteur veulent connaître cette conclusion. Pour s'arrêter au milieu d'une lecture ou sortir du cinéma pendant le film, il faut vraiment que l'intrigue soit « nulle », comme disent les adolescents. La brusque

1. Boris Cyrulnik, *Un merveilleux malheur*, Odile Jacob, 1999.

interruption d'un film passionnant « pour des raisons indépendantes de notre volonté » nous agace ; nous étions là pour aller jusqu'au bout, pour connaître la fin. Or, symboliquement, la fin des fins, c'est la mort. Toute création porte en elle sa mort.

Une rupture brutale ou bâclée, et l'enfant se sent frustré. Lorsque la fin du film arrive logiquement et sans qu'intervienne la mort du héros, le jeune spectateur essaye d'inventer une suite. Les contes de fées ont réglé cette question en remplaçant le mot fin par : « Ils se marièrent et vécurent heureux », ou par cette variante : « … et eurent beaucoup d'enfants. » Personne n'est dupe, la mort n'est pas nommée, mais la prolongation de la vie la contient, différée.

Depuis plusieurs années, tous les films, y compris les dessins animés, ont supprimé le mot fin. Le moment venu, la musique « monte » et un générique défile, mentionnant les caractéristiques artistiques et techniques de la production. Ce procédé peut s'interpréter comme une difficulté à renoncer à l'illusion, à repasser de l'imaginaire à la réalité. On pourrait y voir aussi la difficulté des adultes (puisque ce sont eux qui font les films) à mettre une limite qui attesterait de la capacité à supporter la frustration. Les séries *(Toy Story 2, le Roi Lion 2, Bernard et Bianca au pays des kangourous…)* sont un bon stratagème pour faire revivre le héros indéfiniment.

L'image porte en elle l'éphémère. Roland Barthes, dans *La Chambre claire*, pose le concept de « ce qui a été ». L'image fixe n'est déjà plus et dans l'image mouvante se succèdent des images qui ont été, sont mortes mais conditionnent la vie et le sens des images suivantes. C'est donc dans son processus même que le film — le dessin animé n'y échappe pas — est soumis au concept de mort.

Cependant, chaque image laisse une trace sur la rétine par sa persistance optique qui la relie à l'image suivante, en donnant une cohérence réaliste à ce que nous voyons. Reynaud, l'authentique inventeur du dessin animé en 1892, avait conçu son système (le Théâtre optique, projeté par le praxinoscope) en fonction de ce phénomène physiologique.

Nous réalisons que nous avons vraiment fait le deuil d'un être cher lorsque nous réinvestissons la vie qui nous entoure. Quitter le monde des images pour la vraie vie procède aussi d'une rupture. Il y a un avant et un après l'image. On ne s'étonne plus alors que les enfants jouent les prolongations, pour faire durer la magie. « Est-ce que Kirikou va devenir le roi du village ? », s'enquiert une fillette, les yeux brillants d'espoir. À la sortie du cinéma, les questions fusent, mais la réponse appartient à chacun, évolue avec le temps et les réminiscences. Les suites des longs-métrages proposées par les réalisateurs, et qui font indéfiniment revivre le héros, se révèlent souvent décevantes. Les retrouvailles avec le héros disparu ne comblent pas tous les espoirs des jeunes spectateurs. Ce qu'ils imaginaient, différent pour chacun, appartient à la scène privée.

Il en va autrement des séries télévisées, dont la diffusion en brèves aventures séparées peut se poursuivre *ad libitum*. L'enfant attend le prochain épisode. Mais si, pour les besoins de la programmation, la série doit s'interrompre, il est préférable de l'en avertir afin qu'il s'y prépare.

Le magnétoscope prend le relais, joue un rôle consolateur, anti-deuil, l'enfant pouvant revoir indéfiniment le film ou le passage préféré. L'effet rassurant du répétitif comporte néanmoins l'inconvénient de maintenir l'illusion de l'éternel présent. Or, depuis sa venue au monde, l'enfant est périodiquement soumis à l'épreuve de la séparation : la naissance, le sevrage, la marche, la mise éventuelle en nourrice, le jardin d'enfants, l'école. Il convient de lui faire admettre ce qui *a priori* lui coûte. Le plaisir de retrouver des moments appréciés nécessite la capacité à s'en séparer.

C'est encore une fois à l'adulte d'intervenir, qui favorisera l'abandon du petit écran pour un loisir privilégiant la relation plutôt que le repli sur soi.

ontre, la mère devient un « bon objet » si supportable est relayée par la satisfaction. ent bonne », dans le regard de laquelle le le premier reflet de lui-même, observe ui insiste sur l'importance de cet échange étées. Lacan décrit la deuxième étape, le oir, où l'enfant se reconnaît comme sujet . Wallon interprète cette perception comme ciation moi/autrui : ses gestes devant le ttent à l'enfant de se différencier. Cette n s'exerce également par le toucher : vers é compare en le touchant son visage avec ière.

nciation permet la séparation. L'enfant ier seul, en présence de l'adulte ; puis seul re pièce. Cette capacité à se séparer est associée à la qualité de la relation mère-ttachement réussi rend la séparation sup-

> **« On ne peut se séparer que de ce que l'on a eu. » (Margaret Mahler)**

pour un enfant, revêt plusieurs significa-ardé par quelqu'un d'autre que sa mère, et imiter, aller à l'école et en revenir sans se sent en sécurité, ses colères et ses réac-sse ne sont qu'occasionnelles.

lipienne (entre trois et cinq ans), clef de héorie psychanalytique, confirme cette mbolique. L'enfant prend conscience de les sexes. Il fait du parent du même sexe spire à obtenir les faveurs du parent du C'est une situation anxiogène pour tente de transgresser l'ordre des géné-nant la place du père et par là même de

4

L'imaginaire et la perception chez l'enfant

« L'important intérêt de la psychanalyse pour la science de l'éducation se fonde sur un énoncé qui est parvenu à l'évidence. Ne peut être un éducateur que celui qui peut sentir de l'intérieur la vie psychique infantile, et nous adultes ne comprenons pas les enfants parce que nous ne comprenons plus notre propre enfance. »

(Sigmund Freud, *Résultats, idées, problèmes)*

Les différentes théories

Freud, le précurseur, a construit sa théorie à la fois sur les découvertes découlant de son auto-analyse et des analyses de ses patients. Il a peu travaillé directement avec les enfants. Néanmoins, son *Interprétation des rêves*, en 1900, qui marque la naissance de la psychanalyse, n'exclut pas les jeunes sujets. Le rêve a en effet en commun avec le conte pour enfants qu'il permet différents niveaux de lecture, sans nécessité de cohérence dans le temps ni l'espace.

L'intérêt porté à la psychologie des enfants — devenue une spécialité à part entière — s'est par la suite affirmé avec, entre autres, Anna Freud, Melanie Klein, Winnicott, Piaget, Lacan, Spitz... Même si la terminologie et les pratiques divergent, aucun ne conteste les grands stades énumérés par Freud : oral, anal, phallique, œdipien, latence. Ils en affinent les caractéristiques, y apportent des variantes, proposent des approches singulières.

Selon Melanie Klein, la culpabilité est un mécanisme très précoce. Des ratés répétitifs dans les soins maternels produisent une mauvaise liaison des mouvements d'amour et de haine, laissant l'agressivité prendre le dessus. Par contre, la mère devient un « bon objet » si la frustration supportable est relayée par la satisfaction. « Suffisamment bonne », dans le regard de laquelle le bébé perçoit le premier reflet de lui-même, observe Winnicott, qui insiste sur l'importance de cet échange pendant les tétées. Lacan décrit la deuxième étape, le stade du miroir, où l'enfant se reconnaît comme sujet (corps unifié). Wallon interprète cette perception comme une différenciation moi/autrui : ses gestes devant le miroir permettent à l'enfant de se différencier. Cette différenciation s'exerce également par le toucher : vers un an, le bébé compare en le touchant son visage avec celui de sa mère.

La différenciation permet la séparation. L'enfant parvient à jouer seul, en présence de l'adulte ; puis seul dans une autre pièce. Cette capacité à se séparer est directement associée à la qualité de la relation mère-enfant. Un attachement réussi rend la séparation supportable.

« On ne peut se séparer que de ce que l'on a eu. » (Margaret Mahler)

Se séparer, pour un enfant, revêt plusieurs significations : être gardé par quelqu'un d'autre que sa mère, jouer seul(e) et imiter, aller à l'école et en revenir sans difficulté. S'il se sent en sécurité, ses colères et ses réactions de détresse ne sont qu'occasionnelles.

La crise œdipienne (entre trois et cinq ans), clef de voûte de la théorie psychanalytique, confirme cette séparation symbolique. L'enfant prend conscience de la différence des sexes. Il fait du parent du même sexe son rival et aspire à obtenir les faveurs du parent du sexe opposé. C'est une situation anxiogène pour l'enfant, qui tente de transgresser l'ordre des générations en prenant la place du père et par là même de nier son immaturité sexuelle. La fin de l'œdipe interviendra par la mise en sommeil des pulsions. Elles seront différées jusqu'à l'adolescence, où le choix d'« amoureux » se fera en dehors de la cellule familiale.

En attendant, l'enfant sublime cet état inconfortable, transpose ses élans vers le monde culturel. Il utilise son énergie dans la compétition avec des camarades et se choisit des héros, dans la fiction ou dans la réalité, enseignants, vedettes du sport ou de la chanson, acteurs... Les « mécanismes de défense » décrits par Anna Freud se diversifient, s'assouplissent. L'adaptation à la réalité devient plus mesurée, moins « bruyante » qu'auparavant. L'enfant apprend à faire la différence entre le permis et l'interdit par la mise en place du surmoi, reflet du surmoi parental. Une cohérence doit donc s'établir entre les paroles et les faits. Si les propos des parents ne coïncident pas avec leurs actes, l'enfant ne pourra pas mettre en pratique le message que l'on voudra lui transmettre.

Le développement psychoaffectif évolue parallèlement au processus d'acquisition des connaissances (le cognitif). L'ouverture sur le monde extérieur s'élargit par des actions volontaires ou involontaires qui prennent un sens.

C'est par une longue observation directe que Piaget a construit sa théorie du développement de la pensée, pierre angulaire de la psychologie enfantine. Le nourrisson rapporte tout à son corps. Chez le jeune enfant, la curiosité, dans tous les domaines, s'éveille très tôt et déjà, avant l'acquisition du langage, se met en place le besoin de savoir.

	APPROCHE COGNITIVE (PIAGET)	APPROCHE PSYCHANALYTIQUE (FREUD)
1re année	**Intelligence sensori-motrice** fondée sur la perception et le mouvement — stade des réflexes : amélioration de la coordination vision-préhension — réactions circulaires : retrouver les résultats d'une action sur le milieu extérieur.	**Stade oral** — importance des rythmes — indifférenciation moi/non-moi
5 mois	— permanence partielle de l'objet	— objet partiel (le sein)
9 mois	— permanence de l'objet	— « angoisse de l'étranger » : différenciation moi/non-moi et premières traces graphiques
2e année 18 mois	*Insight* : mise en relation simultanée de tous les éléments d'une situation-problème	Apparition du non — traits verticaux (accès à la marche et verticalisation du corps)
2 ans	**Période préopératoire de 2 à 6 ans** — accès à la fonction symbolique : « capacité d'évoquer des objets ou des situations non perçus en se servant de signes et de symboles»	**Stade anal** — début du contrôle sphinctérien — relation basée sur le modèle « expulsion/ rétention »
3 ans	— l'imitation différée — le jeu symbolique — le dessin — les images mentales — le langage	— pensée par couples structurants — période d'opposition premiers ronds — usage du « je »

4 ans	**2 caractéristiques :** — l'enfant est toujours centré sur son point de vue — il est dépendant de ce qu'il perçoit	**Stade phallique** — intérêt déplacé vers les organes génitaux — découverte de la différence des sexes — angoisse de castration chez le garçon — angoisse du manque chez la fille — dessins « phalliques »
5-6 ans	**Socialisation** Accès à la notion de linéarité du temps (apparition de la ligne d'horizon dans les dessins, des croix)	**Complexe d'Œdipe** — intériorisation des interdits — identifications
De 6 ans à la puberté	**La période opératoire : les opérations concrètes** « opérations » : transformations réversibles sur le réel « concrètes » : à partir de manipulations — mise en place des invariants : conservation du nombre à 6-7 ans, conservation des longueurs à 7 ans, conservation de la substance à 7-8 ans, conservation du poids à 8-9 ans, conservation du volume à 11-12 ans — capacité à changer de point de vue — complexité des jeux	**La période de latence** — mise en « latence » de la sexualité — refoulement — sublimation — désinvestir les relations œdipiennes permet une libération de l'énergie (la libido) qui va s'investir dans les apprentissages sociaux, culturels et scolaires. — nouveaux modèles identificatoires

La perception de l'image, son évolution

Passé le stade du « miroir, mon beau miroir... », l'attention de l'enfant se tourne vers le monde extérieur et nous savons maintenant que sa perception évolue avec l'âge.

Au début de la vie, l'indifférenciation situe toute perception dans le monde interne. Une brutale explosion extérieure déstabilise l'enfant qui l'attribue à une sorte d'implosion. Une petite fille, dont la maison avait été soufflée par une déflagration due au gaz, en était sortie indemne, à l'âge de six mois. Elle a cependant toujours gardé une frayeur pour des bruits aussi anodins que le démarrage d'une voiture. À l'école maternelle, des spectacles à décibels élevés la font encore se réfugier dans les bras de son institutrice.

La vision, très précoce, reste grossière : le bébé suit du regard le déplacement d'un objet lumineux. Puis, l'accommodation s'affine. À six mois, le sourire répond effectivement à celui de l'adulte.

Vers huit mois, la coordination vision-préhension se met en place mais jusqu'à un an, environ, l'enfant traite l'image comme un objet réel. Par la suite, il fera la distinction. L'identification à son image correspond à un premier pas dans la conquête de son identité. Selon Lacan :

La double identification de l'enfant à son corps et à son image introduit l'imaginaire.

Ces représentations de ce qu'il perçoit, l'enfant les conserve, les intériorise et peut s'en souvenir. À dix-huit mois, les représentations se combineront en pensées. C'est le début des jeux symboliques. À cet âge, les images perçues sur un écran se doivent de ressembler à ce que l'enfant connaît déjà. Les *Télétubbies* en sont un bon exemple. Les situations se répètent et varient légèrement, juste pour suggérer au petit spectateur de nouvelles combinaisons mentales.

Vers trois ans, l'image est intégrée « comme si ». Le langage se différencie, l'opposition se manifeste, ainsi que le cabotinage. Les films, très courts, doivent traduire des circonstances connues, avec des héros du même âge ou des animaux familiers.

Entre trois et quatre ans (début du symbolisme), les « comme si » entrent dans les jeux. Un bout de ficelle et une boîte deviennent une voiture. La pensée se traduit par des explications très subjectives et teintées de magie. À l'écran, la représentation d'animaux humanisés aide à évacuer les sentiments ambivalents que l'enfant éprouve à l'égard de ses parents. C'est aussi l'âge où des fictions risquent de provoquer des cauchemars pour lesquels la consolation des parents est réclamée à grands cris.

Avant l'âge de raison (sept ans), la pensée s'organise peu à peu de façon plus objective. Puis, les mots et les images s'associent, facilitant de nouvelles acquisitions. Par la mémorisation ou la répétition du « déjà connu », la pensée se développe, s'enrichit. L'anticipation procure un véritable plaisir de penser. À l'écran, l'enfant apprécie les séries où il retrouve ses héros préférés et prend plaisir à en collectionner les images (Pokémon, Digimon).

Durant la période de latence (entre environ la cinquième année et l'adolescence), l'enfant aime les histoires de héros respectueux des autres, qui combattent pour de bonnes causes (Robin des bois, Mulan...). Il commence à jouer avec les mots et l'humour au second degré fait une timide apparition. Dans les films et les séries, il exulte lorsque le scénario l'emmène hors de son quotidien, dans des espaces lointains où des héros comme Kirikou, Mulan ou Pocahontas vivent des aventures exaltantes, mettant en relief de grands sentiments : la justice, l'amour, le bonheur... Les situations proposées peuvent être plus symboliques.

Avec l'entrée dans la période préadolescente, les préférences vont aux situations libidinales, évoquant les relations garçons/filles dans des groupes. Le groupe, essentiel à cette période, est à la fois rassurant narcissiquement et inquiétant par son pouvoir de rejet.

Certaines fictions abusent de ce phénomène et, pour séduire ces groupes, leur offrent des scénarios qui jouent sur la transgression, où les parents sont présentés dans des situations qui les mettent à rude épreuve. Ces scénarios se veulent fédérateurs. Mais l'effet de *South Park*, des *Simpson*, des *Griffin* n'est pas exempt de culpabilité qui, non dite dans le groupe, est exprimée dans les entretiens individuels.

Décoder l'image

« Qu'est-ce qu'une image ? », demande un éducateur à de jeunes enfants.

À question simple (en apparence !), réponses hésitantes ou excitées, mais toujours plausibles :

« La représentation de quelque chose…

— Le dessin de quelque chose…

— Une illustration dans un livre…

— Pour nous montrer ce qu'on ne pourrait pas voir… »

Voilà qui devient intéressant…

« Donc, si nous voulons savoir quelque chose, une image peut nous donner la réponse ?

— Oui !

— Un peu mais ça suffit pas…

— Non parce qu'il faut voir les choses pour de vrai !

— Une image ce n'est pas la vérité ? insiste l'éducateur.

— Si mais ça ressemble seulement !

— C'est tout plat !

— Ça bouge pas !

— Ça donne une idée, mais c'est pas comme les vraies choses. Par exemple, sur une image, tu vois pas comment la montagne elle est grande.

— Oui mais c'est quand même bien parce que tu peux imaginer et peut-être, un jour, tu verras si c'est pareil. »

Des paroles d'enfants qui résument en grande partie toute la complexité d'une image :
— l'image comme objet de reconnaissance ;
— la fidélité au réel ;
— l'interprétation, la subjectivité ;
— la neutralité d'une image n'existe pas ;
— un objet commun à tous.

L'image comme objet de reconnaissance

Vers l'âge de raison, l'enfant ne conçoit l'image que sur le plan visuel. Il voit quelque chose de déjà connu qu'il peut désigner comme semblable à la réalité. Grâce à la télévision, au cinéma, lorsque l'enfant entend un mot nouveau, ne faisant appel à aucune expérience vécue — la mer, par exemple, la montagne ou le désert —, la vue et l'audition s'associent : l'image met le mot en mémoire.

Bien des adultes s'étonnent de la capacité de leurs enfants à retenir les noms et à reconnaître au premier coup d'œil les cent cinquante et un Pokémon de la célèbre série japonaise. L'inventeur de ces « petits monstres » a certainement étudié de près les mécanismes qui facilitent l'association du mot à la chose. La répétition par le jeu et la quête d'objets inconnus dont le nom sonne bien à l'oreille ont fait le reste : « Attrapez-les tous » !

Que cela plaise ou non aux parents, les Pokémon sont entrés dans l'univers des enfants, qu'ils rassemblent dans la même ferveur jubilatoire. Ces petits monstres qui appartiennent au domaine de l'imaginaire vivent, par ailleurs, dans un monde où les humains, les paysages relèvent, eux, de la réalité. Comment un très jeune spectateur douterait-il de leur existence ?

La fidélité au réel

Les enfants d'âge scolaire reconnaissent aisément un objet ou un personnage parfois uniquement grâce à un élément partiel spécifique. Le graphisme approximatif d'un éléphant est perçu comme représentatif de l'animal si la trompe est facilement reconnaissable. L'âge de deux personnages se différencie par leur taille, que le dessin soit exécuté ou non par l'enfant.

Il assimile inconsciemment les codes signifiants par la découverte du monde environnant et, consciemment, par l'apprentissage, aidé par les adultes.

La fidélité au réel est toujours relative dans la reproduction graphique, photographique et même cinématographique. Il est si facile de truquer une image, sur ordinateur ou autrement.

Le « Ceci n'est pas une pomme », de René Magritte, inscrit sous la reproduction d'une pomme, instaure d'emblée le décalage entre l'objet et sa représentation. En revanche, le réel, qui nous appartient en propre (notre réalité subjective), est d'une représentation beaucoup plus facile. Nous puisons en nous-mêmes pour traduire en images nos impressions et nos émotions. Dans une société de même culture, nous possédons tous à peu près le même code sensitif : des couleurs sombres pour la peur et la tristesse ; des teintes claires pour la joie et le bonheur. Des tracés anguleux pour l'agressivité, des courbes pour créer un univers chaleureux et protecteur. Par l'emploi répétitif de ce code, l'enfant intègre très tôt la signification des signaux visuels. Et avec d'autant plus d'aisance s'ils sont associés au langage ou à des signaux sonores qui en renforcent le sens.

Dans *Blanche-Neige*, la forêt prend un aspect hostile ou charmant, selon que les nains la traversent en chantant gaillardement ou que Blanche-Neige s'y perd, épouvantée par les arbres au faciès humain et dont les branches ressemblent à des bras prédateurs. Nous sommes loin d'un réalisme objectif et, pourtant, face à ces images, chacun ressent l'apaisement ou l'effroi qu'elles suggèrent. Lorsque les images nous émeuvent, c'est parce qu'elles nous « rencontrent », qu'elles font ressurgir du déjà vécu même si c'est à notre insu.

L'interprétation, la subjectivité

« On ne voit bien qu'avec le cœur, l'essentiel est invisible pour les yeux », dit le Petit Prince.

La personnalité d'un créateur, la charge affective qu'il met dans son œuvre sont indissociables de l'effet produit sur le spectateur. Le dessinateur use de sa subjectivité dans sa conception, dans le tracé, les formes, les couleurs. Dans toute image, animée ou non, l'*image de soi* entre en jeu. Chacun a son style. Celui-ci n'appartient qu'à son créateur, qui ne le maîtrise pas, mais lui permet d'avoir une manière propre de communiquer, créant une complicité avec son public.

Le style, l'interprétation d'un thème, exerce une influence sur le public au même titre que le contenu de l'histoire.

La neutralité de l'image n'existe pas

« Il y a une « vertu » de l'image car elle a un pouvoir de guérison en même temps qu'un pouvoir meurtrier[1]. »

Il n'y a pas d'image sans *objet**. Dans la vie courante, nous nommons « objet » une assiette, un chapeau, un outil, ou tout autre ustensile pouvant entrer dans le corbillon de ce commode terme générique. En psychanalyse, l'objet prend un tout autre sens. Celui d'une représentation de satisfaction ou de déplaisir, liée à une expérience d'adéquation ou non entre le sujet et le monde extérieur.

Pour le bébé, par exemple, la satisfaction de la faim s'obtient par des tétées régulières et suffisantes qui préviennent la tension de l'attente. Un délai supportable lui laisse néanmoins le loisir de rêver, d'anticiper l'heureux moment du prochain repas puisque, inévitablement, l'objet/sein ou le biberon va répondre à son attente.

Au commencement est l'indifférenciation. Puis, petit à petit, le bébé prend conscience qu'il se distingue de sa mère. L'interaction bébé/mère se joue sur un mode

1. Jean Gillibert, « Image et contre-image », in *L'Image monographie*, n° V, 1995.

propre à chaque dyade. Chacun attribue à l'autre des caractéristiques, satisfaisantes ou non, au travers des expériences vécues ensemble. Le visuel y joue un rôle important, la vue étant le seul sens qui place l'objet à distance. « L'enfant passe d'un monde dominé par les expériences corporelles et synesthétiques à un monde organisé autour de la représentation[1]. »

Ce bref rappel sur la formation de l'image en tant que représentation d'expérience était nécessaire avant d'aborder l'image au sens iconographique, celle communément appelée dessin, reproduction, photographie…

Ce n'est plus l'image-expérience, représentation interne d'un vécu, mais l'image-perception, externe, pouvant faire appel à un vécu dont la trace mnésique n'est pas obligatoirement consciente pour le sujet.

Un objet commun à tous

Depuis le XIXe siècle, le progrès industriel ayant introduit la possibilité de la reproduction en série, l'image a perdu de son caractère sacré. La photographie, le cinéma, la télévision l'ont rendue accessible à tous.

L'image nous trompe. Toujours… Même notre propre image dans le miroir, puisque son reflet n'est qu'en deux dimensions. Certes, la perspective nous fait accéder à la profondeur, à l'espace, mais ce n'est qu'une convention, un code social qui, tout en nous permettant d'utiliser des repères communs, relève du domaine de l'illusion.

En un sens, nous pourrions presque parler d'*hallucination** collective nécessaire : si nous n'utilisions pas les mêmes codes dans les repères spatiaux (devant, derrière, au-dessus…), le monde et la communication nous sembleraient bien chaotiques. Cela se passe ainsi chez les personnes âgées atteintes de troubles spatio-temporels, avec qui la communication paraît impossible.

---

1. Serge Tisseron, *Psychanalyse de l'image, des premiers traits au virtuel*, Dunod, 1995.

Chez certains enfants d'âge scolaire, la difficulté à se situer dans l'espace et dans le temps persiste, pouvant devenir un véritable handicap dans la mise en place des apprentissages. Outre les tâches à résoudre, la compréhension d'une histoire, vue ou entendue, demande alors un gros effort d'attention et de mémorisation. Un tel enfant en difficulté perd sa confiance en lui et sa propre estime.

Il est un point sur lequel tout le monde peut se mettre d'accord, c'est ce qui est « manifeste » dans l'image : sa description, l'aspect figuratif. Dès que nous abordons le sens de l'image, son interprétation prend un caractère personnel, perd de son objectivité. Et nous en conservons ce que nous avons interprété.

En conclusion, retenons que la vision joue un rôle précoce déterminant dans l'appréhension de l'environnement et de la distinction moi/autrui. Chargés de la dimension affective, les impressions, sensations et sentiments mis en mémoire seront grossièrement classés dans les catégories de « plaisir » ou de « déplaisir ». Notre vision du monde va dépendre de ce stockage des souvenirs, auxquels s'additionneront nos expériences, bonnes ou mauvaises, elles-mêmes appréciées en fonction de notre vécu antérieur. Les expériences précoces prennent ainsi une place déterminante.

On écoute avec les yeux

> *« Un regard d'enfant enregistre vite.*
> *Plus tard, il développe l'épreuve. »*
> (Jean Cocteau, *Portraits-souvenirs)*

Les expériences infantiles précoces s'effectuent surtout par l'intermédiaire de la vue et de l'ouïe, auxquelles vient s'associer le mouvement. Les progrès de l'image ont suivi le même schéma. De fixe, la photo s'est animée, puis sonorisée.

Rejeté aux oubliettes par le parlant, le cinéma muet ne laisse dans l'esprit du grand public qu'un vague souvenir attendri. Une relique pieusement conservée dans les cinémathèques et les ciné-clubs... Pourtant, les images privées de son n'en avaient que plus d'impact. Elles devaient donner le climat du film et donc figurer, en l'absence de mots, un état émotionnel transmissible au spectateur. Certes, les « cartons » faisaient la liaison entre les scènes (temporelles, surtout : « Un mois plus tard... », « Le lendemain... »), mais chaque séquence, par la force suggestive de ses images, provoquait la compréhension émotionnelle du film. Le landau dévalant l'escalier dans *Le Cuirassé Potemkine* d'Eisenstein, la chaussure percée de Charlot, sont devenues des images-références qui font maintenant partie de l'imaginaire collectif.

En quelque sorte, le cinéma muet est au parlant ce que la bande dessinée est au dessin animé. Dans sa *Philosophie des images*, Jean-Jacques Wunenburger s'est penché sur la transformation qui s'opère dans la vision d'un récit, lorsqu'on lui associe la sonorisation et le mouvement : « L'ouïe a le privilège de se voir attribuer, de manière incontestable, une imagerie, au même titre que la vue ; elle perçoit en effet les sons extérieurs en formant une image acoustique, elle-même liée à une image corporelle, dont la musique fait un grand usage esthétique[1]. »

La musique, le bruitage, les paroles... Tout cet environnement sonore renforce le sens de ce que nous voyons.

Les recherches sur le fonctionnement psychologique des enfants sourds ou malentendants ont montré la difficulté qu'éprouvent ces enfants à avoir une compréhension globale du monde. Leur impuissance à relier vision, son et mouvement, les rend incapables de produire

1. Jean-Jacques Wunenburger, *Philosophie des images*, coll. « Thémis – Philosophie », PUF, 1997.

l'image mentale qui leur permettrait de comprendre l'événement et de le mémoriser.

Pour appuyer l'effet visuel, les créateurs de films et de séries télévisées ont recours à des moyens acoustiques, entre autres la musique : les rythmes perçus par l'oreille sont intégrés par la totalité du corps, impliquent une participation de l'être totale (sensori-moteur).

Les nostalgiques du muet se souviennent des écrans de cinéma suspendus au-dessus d'une scène, sur laquelle un pianiste interprétait une bande-son en concordance avec le déroulement des images. Autres temps, autres techniques… Essayez donc de montrer à un enfant un dessin animé muet. Échec garanti.

Bruitage, musique et langage (voix off, récitants), utilisés synchrones avec les images, aident le spectateur à aller au-delà de la simple perception et à saisir le sens avec plus de facilité. Si le dialogue du film freine l'imaginaire individuel, il a pour avantage de créer un cadre commun par les mots, code social arbitraire qui offre la possibilité de partager, de communiquer.

Par quel mécanisme nous laissons-nous séduire par une image animée ? Davantage que par son esthétique — qui relève plus de fonctions intellectuelles —, c'est par sa cohérence, son authenticité que nous entrons dans son jeu et y croyons.

Un exemple symptomatique nous est donné par un personnage de l'actuelle iconographie enfantine : Pikachu, des *Pokémon*. Le concepteur ne s'y est pas trompé : sa forme arrondie mi-souris mi-ourson, sa silhouette chancelante de bébé font de la petite créature un être attirant, joujou pelucheux qui appelle le câlin. Sa fragilité, ou plutôt sa dépendance, se confirme par la pauvreté de son langage, bribes de son nom balbutiées dans des tonalités variables suivant son état émotionnel.

Par ailleurs, Pikachu possède une énergie propre qu'il utilise lorsque Sacha, son maître, lui en donne l'ordre. Comme il s'en sort toujours, se tire de toutes les chausse-trapes, il devient pour le spectateur l'archétype du vivant, image primitive de référence, à la fois moi/non-moi. Un tel personnage permet, en quelque sorte, une inversion du temps, un retour à celle qui inspire une dépendance confiante, une « bonne mère », celle qui peut contenir les émotions de l'enfant. Essentiel à l'adhésion du jeune spectateur, Pikachu participe à chaque aventure et fidélise son public.

Se souvenir : conserver une expérience

Depuis quelques années, à l'issue d'une catastrophe — attentat, cataclysme ou accident —, une cellule de crise se met en place. Médecins et psychologues accueillent immédiatement les rescapés ainsi que les proches des victimes pour leur permettre de parler. Mettre en mots favorise le soulagement des tensions que le silence et l'isolement aggraveraient. Une présence encourageante est bien souvent nécessaire pour se replonger dans un événement que souvent on voudrait oublier…

Pour se souvenir, une représentation a dû s'inscrire dans la mémoire sans y être enfouie, rester accessible. Le « champ mental » réclame une liberté afin que la pensée puisse s'exercer : un événement traumatique atrophie la mémoire, forme un trou dans le psychisme qui, lors de nouveaux événements plus ou moins liés au traumatisme, sera malmené.

La vision est souvent liée à la notion de traumatisme. Que l'on soit directement touché ou que l'on ait assisté à une agression, la mémorisation passe par la visualisation de la scène violente. Les troubles du sommeil de l'enfant ont souvent lieu à l'endormissement, lorsque certains événements reviennent à l'esprit et créent une tension qui empêche de dormir.

Thomas, dix ans, souffre d'insomnies.

« J'ai regardé un dessin animé avec du sang, nous confie-t-il. C'était l'après-midi, pas le soir. Mais j'ai pas pu dormir jusqu'à deux heures du matin. » Thomas est en sixième, il a un an d'avance. Il est très bon élève, ce qui lui vaut la jalousie de certains de ses condisciples plus âgés et « en retard ». Dès le début de l'année scolaire, le jeune garçon a été malmené par des gros durs de sa classe. Une chute provoquée ne s'est heureusement soldée que par une entorse. Thomas l'évoque comme une grave agression qui « pouvait lui ouvrir le crâne », il y « aurait eu du sang partout » et « finalement, il aurait pu mourir ».

Conséquence traumatisante, l'agression réelle s'est doublée d'un fantasme encore plus violent. Thomas l'affirme « possible », privé qu'il fut du secours des adultes, les surveillants, jugés défaillants. Il se sent en danger, attaqué non pas pour avoir mal agi, mais pour ce qu'il est, un bon élève. Nombre d'enfants, comme Thomas, se croient à l'abri d'une menace en se forgeant une agression fictive. Soulagées, les craintes — vécues ou fantasmées — laissent la possibilité de revoir en pensée, calmement, une scène dérangeante. L'inverse risque de provoquer des réactions corporelles (tics, agitation, sommeil perturbé) ou, plus graves, des troubles de la mémoire entraînant l'échec scolaire.

Même si elles leur semblent disproportionnées, les parents auraient tort de minimiser les frayeurs enfantines. Dire à un enfant « tu es trop grand pour avoir peur » le place sur le même pied que les autres, le fait entrer dans la norme — et selon quels critères ? —, alors que son développement n'est pas forcément celui du voisin.

Chaque enfant réagit selon sa sensibilité propre. La version de Disney de *Peter Pan* a été un énorme succès public grâce à la magie de ses effets spéciaux : des enfants qui volent, vivent des aventures fabuleuses en l'absence de leurs parents. Mais, justement, le fait que ces enfants mettent à profit l'absence de leurs parents pour désobéir suscite chez de très jeunes spectateurs une culpabilité associée, dans la réalité, à la crainte d'être seuls à la maison.

« J'ai emmené mes deux filles voir *Peter Pan* et, dans la salle, elles étaient les seules à pleurer comme des madeleines », fulmine une mère, agacée. Voilà bien de l'incompréhension pour des fillettes de quatre et six ans, qui étaient terrifiées lorsque leur mère sortait le soir et les laissait seules à la maison. La situation semblable sur l'écran dès le début du film avait ravivé le souvenir douloureux de ce qu'elles vivaient dans leur propre vie.

Des situations plus effrayantes, mais moins proches du vécu des enfants, ont un effet moindre sur leur ressenti. Le duel de Peter Pan et du capitaine Crochet, sous le regard affamé du crocodile — combat du bien contre le mal —, les fait trépigner, dans l'impatience de l'issue heureuse.

Les adultes se souviendront de certaines de leurs réactions enfantines, devenues après coup dérisoires. Eux aussi ont pu donner à un incident, minime pour leurs parents, l'importance d'une catastrophe. Que, plus tard, ils l'aient ramené à une juste mesure ne devrait pas leur faire oublier que, sur le moment, l'inquiétude les bouleversait et leur donnait une vision de leur environnement pour le moins préoccupante.

Pour l'enfant, tout est expérience, et on oublie trop souvent que « l'anodin » aussi laisse des traces. Transposées à l'écran, les bonnes expériences confirment le sentiment de sécurité que l'enfant porte en lui. Elles lui permettent de penser, de s'exprimer, de jouer en toute sérénité.

La répétition : renouveler un plaisir

« *Bis repetita placent.* » (La répétition plaît.)

Il est fréquent d'entendre des parents s'exclamer : « Encore ! Arrête de regarder cette cassette ! » ou bien : « Tu dois la connaître par cœur, tu n'en as donc pas assez ? »

Eh bien, non ! Il ou elle n'en a pas assez. Au contraire. Entendre et réentendre, voir et revoir la même histoire renouvelle un plaisir déjà éprouvé. Dans une conversation entre amis passionnés de cinéma, les adultes aiment à s'entretenir des films qui les ont marqués. Ils en évoquent des péripéties, drôles ou dramatiques, citent des bouts de dialogue. Une complicité se crée, focalisée sur le même intérêt. C'est dans la relation à autrui que l'adulte trouve un plaisir d'autant plus grand qu'il est partagé.

Dans ce domaine, plus l'enfant est jeune, plus il vit son plaisir sur le mode individuel. En fusionnant avec l'objet de son plaisir, il se rassure. L'écran — et plus encore l'intimité du petit écran — favorise cette prouesse. Avec sa verve inimitable, Woody Allen a su, dans *La Rose pourpre du Caire*, matérialiser un fantasme communément répandu : rentrer dans l'image. Ne faire qu'un avec le héros, prendre son apparence ou s'en faire aimer, ce rêve a, un jour ou l'autre, traversé l'esprit de tout un chacun.

Chez le jeune enfant, ce souhait se trouve réalisé de manière quasi magique grâce à la répétition. Vers cinq ans, dans sa période la plus individualiste, l'enfant manifeste sa volonté de faire réapparaître ce qu'il sait déjà. Bébé, le moment répété du biberon lui a appris que, malgré quelques ratés frustrants, la satisfaction suivait tôt ou tard le besoin. Une ou deux années plus tard, une histoire réclamée avant de s'endormir faisait spontanément jaillir de la bouche de papa ou de maman le merveilleux « il était une fois… ». Et, maintenant, conscient de son autonomie, l'enfant sait qu'il suffit d'appuyer sur le bouton du magnétoscope pour animer l'écran de la télévision… et revoir, pour la énième fois, son dessin animé préféré. Ce qui ne l'empêchera pas de demander l'heure toutes les cinq minutes, pour être sûr de ne pas rater la série télévisée qu'il suit fidèlement.

Au cinéma, avec les suites, ce sont les mêmes héros que l'on retourne voir à l'écran. Le titre du film est immuable, assorti d'un numéro qui indique l'ordre des nouvelles aventures. La série ne s'arrête qu'avec une chute de l'audience, la lassitude des spectateurs. Même les filons les plus riches arrivent à épuisement. Longtemps accroché à sa cassette de prédilection, l'enfant soudain s'en désintéresse. Et, aussi soudainement, jette son dévolu sur une autre, utilisée avec le même acharnement ravi. Puis il grandit, et la cassette préférée — du moment ! —, en disgrâce, « pour les bébés ! », est abandonnée. Elle réapparaîtra certainement, mais beaucoup plus tard, lorsque son ex-jeune admirateur aura lui-même des enfants. Alors surgiront les souvenirs, les émotions ainsi que l'émergence d'un nouveau regard.

Imaginaire et réalité

> *« Imaginer, c'est hausser le réel d'un ton. »*
>
> (Gaston Bachelard, *L'Air et les songes)*

Dans la vie de l'enfant, dissocier ce qui fait partie du monde palpable de ce qui est qualifié d'imaginaire est un exercice périlleux. Plus l'enfant est jeune, plus les deux domaines se confondent. L'impact de ce qu'il perçoit prend une importance d'autant plus grande que ce qu'il perçoit et ce qu'il ressent s'intriquent.

Avec l'affirmation progressive de son autonomie, il parviendra à différencier invention et perception. Les affabulations de quatre ans céderont la place à la curiosité, aux *pourquoi* et aux *comment* qui, pendant quelques années encore, côtoieront les opinions irrationnelles, elles aussi satisfaisantes. À deux ans, quelques traits maladroits peuvent signifier « une jolie maman » ou « un papa qui rentre du travail ». À neuf ans, l'enfant observateur affine les détails et, par la couleur, l'ébauche d'un mouvement, s'efforce de donner une ressemblance à son dessin. La capacité de passer de l'imaginaire à la réalité, sans déstabilisation majeure, est l'indice d'un développement équilibré de l'enfant. Jouer à Peter Pan, faire semblant, est de bon aloi. Imiter Superman au péril de sa vie dénote une indifférenciation grave entre imaginaire et réalité.

La conscience de passer d'un registre à l'autre va croissant, pour être raisonnablement acquise à la fin de l'adolescence. Au-delà, la personnalité peut présenter un défaut d'organisation, accordant une place abusive aux chimères. Nous sommes tous tentés de prendre nos rêves pour des réalités, mais il y a loin entre y croire (en toute bonne ou mauvaise foi) et conserver suffisamment de lucidité pour ne pas confondre les registres.

Toutefois, l'enfant peut être pris à son insu dans un tourbillon de confusion. Les artifices de certains créateurs, les images virtuelles avec leurs personnages aussi vrais que nature, les trucages cinématographiques entretiennent dans son esprit l'amalgame entre le réel et le fictif. Inventé pour créer l'illusion, le cinéma est un leurre séduisant. Nous le savons et l'oublions aussitôt. Il nous permet de régresser parce que nous sommes adultes. Pour l'enfant, la frontière est beaucoup plus aléatoire, et ce d'autant que son ancrage dans la réalité est encore fragile.

Limiter l'évasion trop importante dans un monde imaginaire, désorganisant et isolant, même si ce monde est merveilleux, permet à l'enfant de conserver un ancrage satisfaisant dans la réalité. Cela passe par une utilisation modérée des visionnages de fiction, même sous la forme de dessins animés.

L'harmonie est héritière d'un bon dosage entre imaginaire et réalité.

5

À chaque âge sa problématique

« Tout âge porte ses fruits, il faut savoir les cueillir. »

(Raymond Radiguet)

Âge réel et âge de développement

« Il doit bien savoir cela à son âge !

— Moi, à son âge… !

— Ça n'est plus de son âge !… »

L'âge ! Quel âge as-tu ? Question simple à réponse unique, en apparence ! De fait, l'âge mesure le temps entre la date de naissance et le moment présent. « Ça change tout le temps », disent les enfants qui n'ont pas encore compris le déroulement du temps. Autre difficulté : l'écart avec les autres est maintenu. En grandissant, on ne rattrape pas les aînés et on n'est pas rattrapé non plus.

« Il est en avance pour son âge », entend-on dire. La référence à une norme est alors implicite. Parfois subjective, quand elle est liée aux repères familiaux (à six ans, on ne croît plus au père Noël…), cette norme fait référence à une convention sociale, comme par exemple l'entrée en maternelle, au CP, au collège…

Ce sont ces normes qui balisent l'évolution de l'enfant et lui valent certains privilèges acquis avec les années : « Quand tu seras grand, promettent les parents, tu pourras regarder la télé avec nous. »

Atteindre sept ans prend une valeur particulière. C'est l'âge de raison, défini par la société comme une étape déterminante, celle où le raisonnement — donc l'autonomie de penser — prend le pas sur la *toute-puissance** infantile. Souvent, lors du passage en primaire, les parents ont tendance à considérer leur enfant comme un grand. Cette maturité exigée, autant dire d'un seul coup, l'étonne et parfois le déstabilise, provoquant l'effet inverse, soit une régression-refuge qui se traduit par des symptômes tels que des troubles du sommeil, de l'alimentation, de la propreté.

C'est dès la naissance que l'enfant se construit. Pour que les stades du développement s'enchaînent harmonieusement — par « la voie mentale longue » décrite par Rosine Debray —, connaissances intellectuelles et réactions affectives allant de pair doivent se stabiliser de concert pour donner à l'enfant un sentiment de sécurité.

Lorsque son âge de développement est inférieur à son âge réel, l'enfant a des centres d'intérêt et des jeux puérils, souvent avec des camarades plus jeunes. S'il regarde des « émissions de bébés », c'est qu'il en éprouve le besoin, et le critiquer le blesse. L'incompréhension peut même le conduire à agir de manière honteuse, en se cachant. En revanche, la répétition systématique et prolongée d'un choix très au-dessous de son âge devient plus préoccupante.

Il arrive que l'appréhension de l'inconnu, la non-acceptation de ses « manques » mettent un frein au développement de l'enfant. La peur de grandir s'installe et « oser » nécessite un gros effort, qui doit être accompagné de la réassurance de l'adulte.

Le Tambour, de Volker Schlöndorff, illustre cette crainte. Dans une Allemagne divisée par la montée du nazisme, le petit tambour ne reconnaît plus son monde habituel. Pour ne pas ressembler à des hommes qui se conduisent comme des monstres, il refuse de grandir, reste nain. Situation extrême, elle est traitée dans le drame. Les contes, les dessins animés l'exploitent dans un autre registre, merveilleux ou comique. Peter Pan ne veut pas grandir, afin de toujours rester en compagnie des oiseaux et des fées. De nombreux scénarios utilisent comme thème central le « petit » qui se croit ou que les autres prennent pour inférieur. Mais les héros sont parfois ceux qui savent se servir de leur handicap. Sa petite taille est un atout pour le rusé Petit Poucet. Et la souris de *Tom et Jerry* recèle dans son petit cerveau assez d'astuces pour rouler des gros chats aussi futés que Tom.

Voir sur écran des petits, humains ou animaux, qui se débrouillent bien, se tirent haut la main de situations compliquées, apporte de l'espoir au jeune enfant qui s'identifie aux héros.

Avoir fait des progrès reconnus et valorisés par l'entourage se situe à la source du désir de grandir. Il confère à l'enfant le sentiment de se développer et l'envie de passer à l'étape suivante.

Savoir écouter son enfant

Âge social, âge du développement. Lorsque les deux correspondent, l'enfant le révèle spontanément. Le contraire aussi, d'ailleurs. Son comportement, des hésitations, un manque d'aisance à s'exprimer traduisent des difficultés ou des émotions enfouies qu'il ne peut extérioriser. Tous ces indices ont un sens. Mais encore convient-il de savoir observer. De l'écouter.

Prenons l'exemple du jeune spectateur qui sort du cinéma et reste muet sur le dessin animé qu'il vient de voir. Plusieurs cas de figure se présentent :

— il ne dit rien, mais ne présente pas dans son attitude de changement notoire : le film a été vécu comme un moment entre parenthèses et n'a provoqué ni émotion forte ni besoin de questionner ;

— il est très excité ou au contraire taciturne : l'impact a été trop important pour être formulé par des mots et l'expression corporelle — agitation ou repli — doit d'abord soulager la tension. Les mots viendront ensuite, au cours d'une conversation avec un adulte qui saura l'écouter, le laisser parler et répondre à ses questions.

L'attention portée à un enfant repose autant sur l'observation que sur l'écoute. Ses gestes, ses mimiques d'intérêt ou d'agacement, voire sa passivité durant les émissions qu'il suit fidèlement, ont de l'importance — tout comme ses paroles et la façon de les prononcer. Ses critiques en matière de films ou de dessins animés sont presque souvent tranchées dans un premier temps : il aime ou il n'aime pas. Puis les questions, les remarques, parfois énoncées avec légèreté mais de façon inattendue, nous alertent par l'étonnement qu'elles provoquent en nous.

Il importe alors que la vigilance des éducateurs soit mise en éveil. On apprend au moins autant de son enfant dans des situations de loisir, où l'enjeu est sans importance apparente, que lors de circonstances appartenant au domaine de l'apprentissage proprement dit. La découverte change le regard porté sur lui et la relation adulte/enfant se transforme.

Écouter un enfant,
c'est se laisser surprendre.

Développement de la personnalité et imaginaire

La fiction, « ce mensonge qui dit toujours la vérité ».

(Jean Cocteau)

Nous l'avons vu précédemment, en raison de son immaturité et de sa dépendance vitale, le bébé humain est un petit être inachevé. Son développement va s'effectuer de manière beaucoup plus lente que celui des autres espèces vivantes. Le développement physique lui donnera son autonomie d'action et son caractère se distinguera lors de son développement psychique.

En fonction de son ascendance — parents, grands-parents et ancêtres —, mais aussi de sa propre vie, l'enfant va se forger une personnalité bien à lui. L'expérience consciente — plus précisément, l'expérimentation au quotidien —, les réussites, les échecs vont lui « apprendre » la vie et, parallèlement à la réalité, sa vie imaginaire lui donnera son identité propre.

La « vie animée » est celle qui combine réalité et fiction psychique, tout en permettant à l'individu de se sentir totalement exister. Les adultes savent que leurs conceptions ont évolué avec l'âge. Ce qui était impossible à expérimenter, en particulier la sexualité, nous a valu des théories alors fort éloignées de la vérité. Réjouissons-nous de nous en souvenir et de ne pas avoir eu, dès notre plus jeune âge, des réponses scientifiques à nos interrogations. Croire, par exemple, que les enfants naissent dans les roses ou dans les choux nous était nécessaire, à un moment donné de notre existence.

Le père Noël, les fées, la petite souris et même les monstres avaient leur place dans notre réalité enfantine. Avec les années, nous nous en sommes séparés.

Pour abandonner une vie de rêverie, il faut que l'enfant ait éprouvé la solidité du monde environnant, qu'il soit conforté dans la possibilité de faire un nouveau pas en avant, sans trop se mettre en danger.

Lâcher un point de vue réclame de pouvoir le remplacer par un autre sans souffrir.

Pour cet enfant-là, ne pas renoncer au père Noël, même si ses copains en affirment la non-existence, a sa raison d'être. Son décalage avec les autres enfants du même âge n'étant pas trop pénalisant, pourquoi appliquer des critères d'adultes à sa crédulité ? Croire au père Noël, à la fin du primaire, révèle à quel point le monde du rêve prend le pas sur le perceptible chez cet enfant-là.

La confusion des deux registres s'atténue avec l'âge, mais un bon fonctionnement permet, tout en maintenant un solide ancrage dans la réalité, d'utiliser sa créativité comme transformateur, en particulier du négatif en positif. C'était le rôle que remplissait la « mère suffisamment bonne », avant que son bébé ne sache le faire lui-même. La capacité de rêverie de la mère permet à l'enfant de créer son espace psychique et de devenir son propre créateur.

Des écrivains, comme Jean-Paul Sartre, Michel Tournier ou Italo Calvino, pour ne citer qu'eux, évoquent dans leurs œuvres le mystère, l'inconnu, comme source de leur imaginaire. Ils témoignent aussi de leur vocation d'écrivain engendrée par la présence de l'écriture dans leur univers quotidien — livres, journaux, revues... —, matériel incompréhensible mais permettant de ce fait une créativité poursuivie à l'âge adulte.

Modifier la réalité, émettre des hypothèses n'est pas un mensonge. C'est l'indice qu'un travail psychique est en train de se faire de manière autonome. Dans la phase du roman familial, par exemple, l'enfant transforme volontairement le lien de filiation et il imagine qu'il n'est pas issu de ses parents.

Le roman familial, qui se réalise après la période du complexe d'Œdipe, est significatif d'un enrichissement de la vie psychique : l'enfant tente de se protéger des désillusions qu'il attribue à ses parents et devient plus indépendant vis-à-vis d'eux. Sa personnalité s'affirme.

« La perfection de l'art, c'est le dosage du réel et de l'imaginaire. » Osons emprunter ce commentaire aux frères Goncourt pour l'attribuer au bon fonctionnement de l'être humain.

La souplesse de fonctionnement : indice de bonne santé

Passer du registre de l'imaginaire à celui du réel, et inversement, relève de ce que l'analyste appelle un « bon fonctionnement psychique ». Une bonne santé mentale permet à tout individu de jouer avec la fiction et la réalité, sans jamais perdre de vue la frontière qui sépare les deux espaces.

Le jeune enfant a souvent tendance à prendre ses rêves pour des réalités et cet amalgame se produit lors de sa perception des images. Plus les fictions de l'écran sont choquantes et difficiles à assimiler, plus il risque de se trouver dans un état de confusion qu'il ne maîtrise pas. Alors, les clignotants se déclenchent : comportement inhabituel, troubles divers, cauchemars...

Normalement, le rêve doit déguiser l'accomplissement d'un désir et s'exprimer de façon supportable par la *psyché**. Le cauchemar échoue dans cette fonction : l'angoisse qui précédait le sommeil ne cède pas et bloque le travail du rêve. Celui-ci se basant en grande partie sur des impressions qui datent du jour précédent, il se conçoit aisément qu'une fiction, vue la veille et anodine pour un adulte, puisse générer un cauchemar qui perturbe le sommeil de l'enfant.

La répétition de ces cauchemars expose à des dommages sur la santé physique — fatigue diurne — et sur la santé psychique, l'enfant refusant de dormir par peur de ses rêves. La violence n'est pas seule à produire des cauchemars, l'excitation de type sexuel ou les situations de transgression sont tout autant génératrices d'angoisse. Il en est ainsi dans l'épisode « Les Perroquets bleus » de la série *Bambou et compagnie*, qui raconte les aventures de trois petits animaux. Dans ce dessin animé destiné à de jeunes enfants, plusieurs personnages discutent dans une rue, devant une affiche représentant une femme à la poitrine dénudée. Cette affiche ne présente aucun intérêt pour le déroulement de l'histoire, mais elle n'échappe pas aux regards des jeunes spectateurs dont l'excitation n'est pas « élaborable ».

Dans ce même domaine, les horaires de diffusion sont parfois trompeurs. À 18 heures, la série américaine *Les Griffin* fait assister aux démêlés d'une famille dont la bêtise est peut-être amusante pour des adultes mais produit une excitation stérile sur les jeunes spectateurs, en général plus présents que leurs parents devant le petit écran en fin d'après-midi.

Pour que l'enfant soit libre de penser et de rêver, il est nécessaire qu'il ne soit pas soumis à une dose trop massive d'excitations, impossibles à résorber autrement que sur un mode corporel.

Le rôle des parents

« Dieu n'aurait pu être partout et, par conséquent, il créa les mères. »

(Proverbe juif)

Être présent, écouter... Rien de bien actif, semble-t-il à première vue. Et pourtant, être là tout en laissant l'enfant faire son travail d'enfant n'est pas toujours facile.

La difficulté essentielle réside dans le dosage judicieux des interventions. En apparence, le choix d'un dessin animé ne représente pas un acte éducatif de première importance. Mais, dans la mesure où nous considérons que, dès la naissance, nous inculquons à nos enfants des pratiques et des choix appartenant à la spécificité familiale, ce choix, comme celui de n'importe quelle activité, transmet des références familiales spécifiques.

Dans le « ma maman ne veut pas que... », si souvent entendu chez les petits de l'école maternelle, il s'agit bien de l'assimilation d'une norme parentale. La maman de l'un ne veut pas qu'il regarde des dessins animés violents, la maman de l'autre laisse faire. De la différenciation de ces deux situations naîtra automatiquement l'interrogation : « Pourquoi tu ne veux pas que… Ma copine a le droit de… »

La qualité aussi bien que la quantité des messages parentaux entrent dans les composants de la transmission familiale. En d'autres termes, la manière de réagir habituellement est aussi importante que le motif de l'intervention. La cohérence du message est d'importance. Prenons l'exemple, répandu et souvent conflictuel, de la durée de visionnage des dessins animés, le soir après l'école. La règle est en général clairement énoncée : d'abord les devoirs, puis la télévision… Si la convention n'est mise qu'irrégulièrement en application — les parents sont fatigués de leur journée de travail ou trop occupés pour la respecter —, le message transmis à travers cette situation somme toute banale prendra une tout autre signification. L'enfant estimera que la règle familiale n'est plus une règle et celle-ci sera vécue comme un acte arbitraire quand le père, énervé, confisquera la télécommande.

On en arrive parfois à des solutions extrêmes : les parents mettent un cadenas ou cachent le cordon de la télévision pour être sûrs qu'il n'y aura pas d'infraction à une loi qu'ils ont eux-mêmes malmenée et que, par conséquent, les enfants ont mal intégrée. Cette attitude se répétant, la transmission s'opérera sur le mode de la transgression, c'est-à-dire : « Mes parents ne font pas ce qu'ils disent… alors, moi non plus ! »

Lorsqu'un enfant est emmené en consultation chez un psychologue, il arrive fréquemment que le poste de télévision soit donné comme une source majeure des conflits familiaux. En réalité, ce n'est que le révélateur d'une difficulté à déterminer des règles familiales et à s'y tenir. Les parents doivent faire en sorte qu'elles soient applicables, et appliquées.

Nous pourrions multiplier les exemples : la violence, la grossièreté, le non-respect d'autrui sont parfois dénoncés sévèrement… mais pratiqués en famille. Certains dessins animés *(South Park, Les Simpson)* reflètent ces styles familiaux, allant dans le sens d'une banalisation de ce type de rapports.

Avec les grands enfants et les adolescents, l'ignorance parentale de ce qu'ils vont voir entre copains réduit les échanges. Cependant, le bref et désinvolte « On va au cinéma ! » n'implique pas que les parents n'ont pas voix au chapitre et se désintéressent du contenu du film. Quelques mots avant et après la séance permettent souvent de mieux connaître les centres d'intérêt des jeunes, de poser quelques questions et de donner son opinion. Les jeunes ne s'en formaliseront que s'ils y voient une marque d'autoritarisme injustifié. Tout est dans la manière…

Une discussion autour d'un film peut être le bon moyen de maintenir le dialogue et d'approcher les opinions des adolescents, par le biais d'un matériel culturel protecteur.

6

Le dessin animé, conte de la vie moderne

« Une morale nue apporte l'ennui. Le conte fait passer le précepte avant lui. »

(Jean de La Fontaine)

Le conte et le dessin animé : similitudes et différences

Les enquêtes menées auprès de parents de jeunes enfants révèlent à quel point la cassette vidéo a remplacé le conte. Le soir, raconté par l'adulte pour préparer l'enfant à une nuit paisible, le conte faisait le charme d'un instant de tendresse. La vie moderne a trouvé dans la cassette un substitut commode, ne réclamant ni la présence d'un parent, ni la recherche attentive de l'histoire qui fait doucement sombrer dans le sommeil.

Dans leur contenant même, la cassette et le conte comportent de nombreux points communs. Tous deux retracent une histoire située dans un cadre imaginaire, avec généralement un point de départ suffisamment intéressant pour capter l'attention. Puis, l'un des protagonistes devient le héros du récit en résolvant une énigme ou en dénouant un *conflit**.

Autrement dit, le conte, comme le dessin animé, forme un tout, avec un début, un déroulement et une fin. Ce n'est donc pas *a priori* sur la construction du récit que le conte et le dessin animé se différencient. La fracture se situe résolument du côté du support.

Le support

Le conte traditionnel est avant tout un récit oral auquel les conteurs professionnels ont, depuis quelques années et avec succès, redonné ses lettres de noblesse. L'imagerie populaire nous renvoie à des soirées dont il était la vedette, où l'ancêtre transmettait à ses enfants et petits-enfants les histoires qu'il ou elle avait jadis entendues. Ces veillées coïncidaient avec un moment de regroupement de plusieurs générations. Chacun profitait de la culture des anciens, eux-mêmes héritiers de leurs prédécesseurs. Le support était double : le récit du conteur passait par le filtre de l'imaginaire de l'enfant.

Le dessin animé est un objet concret en lui-même, qu'il soit sur grand écran ou sur cassette vidéo : les images sont déjà fixées sur la pellicule. Dans les dessins animés de Walt Disney, quand le film prend pour thème un conte traditionnel, il véhicule une imagerie stéréotypée, commune à tous les spectateurs et qui, par la suite, fonctionnera comme une référence.

Lorsque le récit est oral, chaque membre de l'auditoire se fait sa propre représentation des protagonistes, même si, comme dans *Blanche-Neige*, la description du personnage donnée par les frères Grimm fait partie intégrante de l'histoire : le teint blanc, les lèvres rouges et les yeux noirs. Non seulement le portrait imaginaire de chaque Blanche-Neige varie d'un enfant à l'autre, mais son portrait peut fluctuer pour un même enfant, selon le moment où il écoute l'histoire. Car, en même temps qu'il écoute, l'enfant joue avec son imaginaire, recrée l'histoire, au besoin l'édulcore ou l'embellit.

Prenons à présent cette même histoire de *Blanche-Neige*, mise en images par Walt Disney. Le graphisme de Blanche-Neige, de la sorcière et des nains nous est devenu tellement familier que, même si nous n'avons pas eu accès au dessin animé dans notre enfance, nous ne pouvons plus nous figurer différemment les personnages. Non seulement, nous les reconnaissons spontanément, mais ils représentent le « coup de crayon » Disney. Notre propre imaginaire est balayé au profit d'un produit culturellement accessible à tous, dans la réalité.

Cette différence de nature entraîne plusieurs types de conséquences pour l'enfant.

L'uniformisation

Des enfants n'ayant connu l'histoire de Blanche-Neige que par le dessin animé ne se réfèrent plus au conte des frères Grimm, mais à Walt Disney. Produit stéréotypé, *Blanche-Neige* ne fait plus appel au « jeu de la représentation individuelle » : les personnages subissent une uniformisation de la représentation — à ne pas confondre avec l'universalité, qui fait partie de leur nature. Cette universalité n'est pas liée à la représentation mais aux stades du développement psychique de l'être humain : rivalité fraternelle, Œdipe, origine de la vie, la mort...

La réalité prend le pas sur l'imaginaire

Voyons les effets éventuels sur l'enfant du dessin animé en tant qu'objet « matériel ». L'enfant sait très jeune manipuler lui-même le magnétoscope — au grand dam des parents ou inversement, c'est selon. Fièrement, il accède à la magie instantanée des images et l'association « j'appuie sur un bouton/l'image apparaît » s'opère presque par réflexe.

Si, à cause d'une défaillance technique, l'enfant est privé de la projection de sa cassette, il peut en concevoir une indicible rage et s'en prendre au matériel, jugé coupable. Sa frustration a besoin de s'extérioriser par des actes physiques. Ses parents s'en inquiètent, essayent de comprendre. C'est que, pendant le déroulement d'un film, l'enfant est en quelque sorte absorbé : le récit, les images et lui-même ne font qu'un. Happé par ce qu'il voit à l'écran, il n'est plus le créateur d'un monde imaginaire qu'il porte en lui. Il subit celui que lui impose la cassette.

Cette frustration ressentie par nombre d'enfants se remarque souvent à la fin d'une cassette vidéo et se signale par un malaise ou une agressivité dus à la brutalité du passage d'un univers à l'autre, celui de la cassette au leur. On obtient le contraire de l'effet escompté. Le ratage de ce moment, censé être un espace de rêverie, du moins de calme, déroute l'enfant et préoccupe les parents.

Le conte propose la souplesse nécessaire pour que chaque enfant s'y adapte en fonction de son niveau de développement psychique. Or, dans le dessin animé, on est en face d'un matériel qui peut occasionner non pas un lien mais une rupture et court-circuiter l'imaginaire de l'enfant en raison du pouvoir des images.

Chacun d'entre nous, mais particulièrement les enfants qui « apprennent » le monde, donne un sens à ce qu'il vit et observe grâce à sa capacité à transformer. Transformer, c'est, pourrait-on dire, être vivant. Notre corps transforme ce qu'il incorpore, conserve ce qui lui est indispensable et rejette l'inutile. D'autres transformations nécessaires à la vie se font dès la naissance. Ce sont celles qui se produisent lorsque notre psychisme intègre comme significatif ce que nous percevons.

Les constatations faites par René Spitz[1] dans les orphelinats, pendant la guerre, l'ont prouvé : à nourriture égale, les enfants avec lesquels on ne prenait pas le temps de parler ou de jouer mouraient en nombre bien plus important. C'est ce qu'il a appelé « l'hospitalisme ». Très tôt, les jeunes parents le constatent : précocement, une communication s'établit, dans les deux sens, entre le bébé et son entourage. De part et d'autre, se crée une association entre les mots — ou le gazouillis ! — et les gestes, les mimiques. Cette association et sa répétition donnent un sens fiable à la communication parents-enfant.

---

1. René Spitz, *De la naissance à la parole : la première année de la vie*, PUF, 1968.

Chacun, en fonction de ses propres caractéristiques, de son « transformateur », va intégrer, mettre en mémoire, ses indicateurs de sens. L'expérience, les événements de la vie feront évoluer la compréhension des relations entre les choses, les mots, et leurs représentations.

Prenons le mot « ours ». Suivant l'âge de l'enfant, l'ours est un jouet chargé d'émotion, un animal de zoo ou une bête sauvage et peut-être dangereuse, rencontrée dans la forêt. En grandissant, l'enfant devra penser au contexte dans lequel se situe le mot, pour savoir à quel ours il est fait référence, et en déduire une représentation adéquate. Dans un contexte incompréhensible, les représentations de l'enfant se bloquent et se déforment, provoquant une impression déstabilisante d'étrangeté.

On conçoit à quel point le décalage possible entre un film d'animation et la maturité de certains enfants peut être perturbant. Ne perdons jamais de vue que les films pour enfants sont réalisés par des adultes ! Ces adultes sont peut-être pleins de bonnes intentions et souhaitent faire partager à leur futur public les émotions qu'ils ont jadis éprouvées. Cependant, il est à peu près certain que le souvenir qui reste à l'auteur du conte de son enfance est inclus dans la partie la plus consciente de son mental, elle-même infiltrée d'un imaginaire beaucoup plus adulte, lié à la relecture du récit. Il est alors aisé de comprendre la déception d'un enfant devant un spectacle qui ne lui laisse pas la possibilité d'adapter ce qu'il ressent à ce qu'il voit. Il est à la fois fasciné par les images et déstabilisé par la différence avec la représentation qu'il porte en lui.

Mise en retrait du langage au profit de l'image

Une petite fille, qui aimait beaucoup la danse classique, sortit furieuse d'une représentation du *Lac des cygnes* parce que : « Y avait même pas de lac… Y avait même pas de cygnes ! » Avant le spectacle, les mots échangés avec les parents avaient érigé un support imaginaire sur lequel la fillette avait construit une représentation bien à elle ; sa déception venait de la distance entre son imaginaire et la réalité.

La rêverie provoquée par les mots, nous la connaissons à travers la lecture, la musicalité d'une phrase ou d'une poésie. L'émotion précède la représentation et le ressenti émotionnel va favoriser notre attraction — ou notre répulsion — pour un personnage ou une situation. Cette émotion immédiate s'inscrit dans la continuité de nos expériences conscientes et inconscientes. Et c'est ainsi que les ressentis diffèrent face à des situations chargées en affects.

Pendant son développement, l'enfant utilise le présent, ce qu'il voit autour de lui. Le virtuel proposé par le film d'animation fait émotionnellement partie de son développement psychique et l'impact de celui-ci en est d'autant plus important. Proposer à un enfant un spectacle dans lequel il ne repère pas du « déjà vécu », ou de l'assimilable par son imagination, sidère sa pensée, provoque des réactions significatives de gêne.

En général, ces symptômes sont physiques : retrait, agitation, pleurs, toutes manifestations qui inquiètent les parents. Cet état de « rejet » peut s'expliquer : la confrontation — d'une certaine manière « obligée » — à l'image annule le désir que l'enfant portait à des personnages dont la représentation sur écran ne correspond pas à celle qu'il s'était créée. Un peu comme ce premier bonhomme dessiné à la maternelle d'un rond et de quatre bâtons, et qui figurait une si belle maman…

Absence de l'être cher comme support

La magie s'achève avec la fin de la cassette. L'histoire est terminée et le petit spectateur réalise que Boucle d'Or n'est pas celle racontée par la gentille maîtresse du jardin d'enfants, en attendant « l'heure des mamans ». Certes, l'histoire est la même, avec les mêmes rituels : « Qui a mangé, bu, dormi ? » Cependant, un temps d'adaptation est nécessaire pour que l'enfant retrouve ses propres références, celles de l'histoire racontée par un être cher, à un moment privilégié où le reste du monde s'efface — le coucher, par exemple, avec le contact protecteur d'un parent et le soutien du « doudou » pour le passage dans le sommeil.

Durant le déroulement d'une cassette, l'enfant laissé seul devant l'écran subit la fin du film. C'est pour lui une rupture brutale, l'effacement instantané de l'image extérieure dans laquelle, pendant un temps, il avait cru entrer et qui l'abandonne à sa solitude. Une solitude d'autant plus insupportable qu'il va falloir aller faire ses devoirs ou se laver les mains pour le dîner, et que ni papa ni maman n'ont participé à la magie qu'il a vécue, puisque eux connaissaient déjà l'histoire !

Alors, difficile pour l'enfant d'interroger ses parents sur une péripétie qui lui laisse un doute. « Tu n'as pas bien regardé, lui diraient-ils ; tu feras plus attention la prochaine fois. » Mais la prochaine fois, l'enfant ne trouvera pas sur la cassette ce qu'il avait voulu demander à ses parents. Par ses questions, il souhaitait pouvoir comparer sa vie avec celle des personnages de l'histoire, retrouver dans la fiction des échos de ses propres impressions. Quelques mots échangés avec les parents pouvaient prolonger cette histoire et éviter un passage trop brutal à la réalité.

Structure du conte, dynamique du dessin animé

Certains dessins animés réalisent des prouesses techniques dans le spectaculaire et les effets spéciaux à répétition. Les enfants — les adolescents, surtout — ne détestent pas cette agitation effrénée dans laquelle se complaît de plus en plus le cinéma d'aventures, et qui provoque une excitation dont l'atmosphère familiale se ressent. Les jeunes enfants, quant à eux, affectionnent plus particulièrement une histoire qui évolue selon le schéma d'un conte. Qu'ils connaissent déjà le scénario ne nuit pas, l'essentiel étant de rencontrer des personnages dont le comportement leur est familier.

Schéma et structure du conte

Le déroulement du conte, comme de toute histoire, est immuable : il comprend un début, un milieu et une fin. C'est le schéma d'une histoire universelle, avec le matin, le midi et le soir de la vie — l'énigme posée par le Sphinx à Œdipe.

Dans *Morphologie du conte*[1], le folkloriste russe Vladimir Propp exprime l'étonnante similitude structurale des contes, en dépit de leur grande diversité (voir tableau ci-dessous). Les éléments variables seraient : les noms et les attributs des personnages ; les éléments constants : leurs fonctions, quelles qu'elles soient. C'est ainsi que Propp parvient à répertorier trente et une fonctions du conte — qui ne se retrouvent pas forcément dans chacun d'eux. Ces trente et une fonctions se répartissent en trois séquences composant l'arrangement narratif des récits merveilleux : le trajet du désir, sa rythmique et sa symbolique.

Séquence préparatoire	***ou…***	**Statut initial inférieur**	***ou…***	**Statut initial supérieur**
⇩		⇩		⇩
1re séquence	***ou…***	**Épreuve qualifiante**	***ou…***	**Perte du statut initial supérieur (épreuve qualifiante)**
⇩		⇩		⇩
2e séquence	***ou…***	**Statut final supérieur**	***ou…***	**Statut final encore plus élevé que le statut d'origine**

1. Vladimir Propp, *Morphologie du conte*, coll. « Points essais » n° 12, Seuil, 1970.

Le trajet du désir

Le désir causé par le « manque » dans la situation initiale se trouve comblé lors de la situation finale. Ce trajet symbolique proposé par Propp est à rapprocher de celui de Bruno Bettelheim, qui commence « par la résistance aux parents et la peur de grandir » pour finir « quand le jeune s'est vraiment trouvé, lorsqu'il atteint l'indépendance psychologique et la maturité morale, et quand, ne voyant plus dans l'autre sexe quelque chose de menaçant et de démoniaque, il est capable d'établir avec lui des relations positives ».

L'espace et le temps du malheur ou de la jouissance sont hiérarchisés et chargés d'une opposition plaisir/déplaisir dans laquelle le risque et l'angoisse de la perte absolue — celle de la vie — demeurent toujours présents. Si l'enfant adhère à l'histoire présentée, c'est qu'elle symbolise son désir de grandir ; et s'il veut aller jusqu'au bout, c'est parce que s'y joue sa propre vie.

La rythmique du désir

Le rythme ternaire intervient généralement dès l'exposé de la situation et semble répondre à un besoin de tension psychique que l'on retrouve dans les jeux de l'enfant. L'itinéraire du désir serait jalonné d'une alternance d'éléments positifs (favorables) et négatifs (obstacles), d'espoirs et d'échecs, et la succession de deux éléments, en fin de trajet, serait l'amorce d'une conclusion positive. Cette alternance rythmique d'éléments positifs et négatifs semble coïncider avec la forme même du « vécu désirant » — celui de l'enfant, qui écoute le conte, et celle des adultes, qui l'ont laissé s'inscrire sous cette forme dans le patrimoine populaire. Le pouvoir socialisant du conte est certain et, selon Bettelheim : « L'enfant trouve dans les contes les ressources qui l'aident à triompher dans l'imaginaire des résistances réelles du monde à son propre désir. »

La symbolique du désir

Schéma et projection rythmique d'une certaine vie souhaitée, le conte devient, dans l'imaginaire, réalisateur de désir : « S'il agit comme un rêve, il fonctionne comme un jeu », estime Patrick Tort. C'est-à-dire qu'il inclut, de façon symbolique, le principe de réalité (l'obstacle). Le héros renonce temporairement à la satisfaction, malgré des succès partiels. Cette rythmique n'est pas sans rappeler le jeu de la bobine, interprété par Freud comme le passage de la passivité à la maîtrise conquise de la situation. Et la jouissance finale se révèle proportionnelle à la force initiale de la tension vers le succès.

C'est ainsi que le conte devient un objet symbolique, de façon intime ou spectaculaire. Il réclame une activité ludique de la part de celui qui l'écoute. C'est un jeu d'identification primaire dont l'enfant — l'un des personnages, généralement le héros — est le centre. Il donne le moyen de devenir autre, d'apparaître ou de disparaître, de se métamorphoser comme Cendrillon, et de renaître au désir. On ne peut s'empêcher de penser ici à Winnicott et à ce qu'il appelait « l'aire intermédiaire d'expérience », qui constitue la plus grande partie du vécu de l'enfant, dans son imaginaire comme dans tout travail créatif.

Comparable à l'objet transitionnel, le conte appartient à la réalité externe et à la réalité interne. C'est une possession moi/non-moi. Il va pouvoir être manipulé, aimé, haï, ignoré, mutilé mais continuera d'exister. À l'instar de l'objet transitionnel, il est un substitut, par son pouvoir de ramener au présent un passé enchanteur. Comme lui, il précède l'établissement de l'épreuve de réalité. Et, comme lui, il donne à l'enfant la possibilité d'intégrer le passé au présent et d'attendre le futur.

À quoi servent les images ?

Avant l'invention du cinéma et de la télévision, les anciens se transmettaient oralement et par les livres les histoires de leurs ancêtres. À chacun de poser le décor ! Le fond dépendait des traditions spécifiques au groupe et la forme était universelle, puisque tous les contes semblent construits sur le même modèle. Seule, la représentation différait : chaque théâtre privé se jouait sur la scène mentale des membres de l'auditoire, ce qui lui donnait une part active. Le même processus se poursuit actuellement, lorsque les histoires sont lues ou racontées.

Mais qu'ont de singulier les histoires animées sur un écran, spectacle que l'on peut partager ? D'abord :

— une uniformisation de la représentation ;

— un objet commun à un groupe, devant faciliter la communication ;

— un sentiment de maîtrise donné par le système vidéo ;

mais aussi :

— une créativité enrayée ;

— la passivité du spectateur ;

— un impact visuel imposé par l'adulte ;

— la prédominance du « voir » sur le « dit ».

Le phénomène Walt Disney est certainement l'archétype de l'uniformisation de la représentation. Le père de Mickey a créé autour de ce personnage souris-humain un univers à l'échelle planétaire. Mickey est universel parce qu'inclassable. Il n'appartient à aucune culture, sa force est de permettre à tout individu de s'identifier à lui, justement parce qu'il ne ressemble à personne.

Si l'on se réfère à un autre personnage, Tintin, diffusé dans le monde entier en bandes dessinées, on s'aperçoit que les deux manières de mondialiser les héros sont fort différentes.

Mickey ne se déplace pas de chez lui. D'ailleurs, on ne sait pas où se situe son « chez lui », partout et nulle part. Tintin voyage beaucoup et il est impossible de faire référence à un habitat précis.

Mickey est nulle part,
Tintin est ailleurs.

Avec ces deux personnages modernes, nés par l'image, la représentation commune joue un rôle fédérateur entre spectateurs et lecteurs.

Bien que pouvant paraître désuet, comparé aux Pokémon, Mickey reste curieusement un personnage très représenté par les enfants, à l'âge — vers dix ans — où ils s'efforcent de bien dessiner et de manière très figurative. Entre enfants, les critiques sont acerbes quand les oreilles ou le museau n'ont pas les justes proportions. Le « vrai » Mickey a les oreilles très rondes ; créé par Disney, il est commun à tous. Mickey est devenu un objet de consommation, une marque déposée. Toute pâle copie n'est que falsification et ses authentiques reproductions appartiennent à une famille, avec une origine, un père créateur.

Il en va tout autrement des contes transposés en images animées pour les enfants. Les dessins animés de Walt Disney, qui prennent pour thème des contes merveilleux, sont réalisés par des adultes ayant sans doute un sens esthétique et de l'imagination, mais il serait naïf de croire que la dimension commerciale n'occupe pas la majeure partie de leurs motivations.

Un adulte essaiera vainement de se souvenir de ces personnages tels qu'enfant il les a vus dans son livre d'images. Sa déception première ne durera pas : après tout, c'est du passé. Pas pour l'enfant ! Ses souvenirs de lecture sont encore proches, et il aura la même réaction que n'importe quel spectateur ayant lu le livre, il sera déçu : « C'est moins bien que le livre... »

Non, ce n'est pas moins bien. C'est autre chose, la mise sur pellicule de la représentation d'une histoire. Si cette représentation plaît à de nombreux spectateurs, le film remportera un réel succès. Si la version du réalisateur est trop éloignée des goûts du public, elle sera retirée de l'affiche. Plaire à la majorité est une nécessité commerciale ; c'est également un phénomène actuel de société.

Les changements dans la teneur des dessins animés relèvent, il va de soi, de l'évolution des techniques, mais également de celle du style de vie moderne. Dans les années cinquante, un simple coup de poing suffisait pour illustrer une situation de violence. Actuellement, avec la banalisation des bagarres et autres chocs physiques, explosions, déflagrations bruyantes remplacent les corps-à-corps. À l'ère atomique, qui pourrait encore croire à une possible guerre de tranchées ?

Certains réalisateurs de dessins animés en série l'ont si bien compris qu'ils utilisent parfois, à tort et à travers, la terminologie et les appareils scientifiques les plus récents pour séduire les jeunes spectateurs. Dans *Godzilla*, on entend parler d'ADN, de clonage, de phéromones, et ces termes côtoient chars d'assaut de la dernière guerre et monstres préhistorico-futuristes. Dans *Archie et Cie*, des dialogues d'un goût douteux caricaturent les relations garçons-filles, du genre : « Plutôt intelligente, pour une femme ! » ou « Ah ! ces bonshommes ! » Cette facilité s'avère payante, puisque ces dialogues sont repris dans les cours de récréation. Espérons que ce n'est pas là l'essentiel de leur conception des relations humaines !

Dans ce domaine, il n'y a aucun danger pour ceux qui, par leur éducation, la présence et la transmission parentales, ont la possibilité de faire le tri. La distinction paraît plus compliquée pour les enfants livrés à eux-mêmes qui « avalent » sans discernement, à la chaîne, des feuilletons dont ils deviennent dépendants.

On peut le constater : rien n'est néfaste et tout peut l'être. Cela dépend du degré de maturité affective de l'enfant, de ses relations avec le monde adulte, des expériences (passives et actives) auxquelles il va être confronté.

Selon Freud : « Pour tout auteur, nous représentons une malléabilité particulière. Par l'état d'esprit dans lequel il nous plonge, par les attentes qu'il suscite en nous, il peut détourner nos processus affectifs d'un certain enchaînement et les orienter vers un autre, et il peut souvent tirer de la même manière des effets très différents, liés à l'identification au personnage[1]. »

Le ludique et l'éducatif : ce qu'un enfant veut, ce que les parents souhaitent

> *« Toutes les grandes personnes ont été des enfants, mais bien peu s'en souviennent. »*
>
> (Antoine de Saint-Exupéry)

Ce que veut l'enfant

À tous les âges de l'histoire, les hommes ont laissé une trace de leur passage. L'image fixe l'histoire et possède plus d'importance pour celui qui la produit que pour celui ou ceux à qui elle est destinée. Consciemment ou non, l'image porte en elle les caractéristiques de celui qui la crée. Elle est son œuvre, confirme sa volonté d'exister.

Toute image a un sens qui peut en cacher un autre. Le bonhomme que dessine l'enfant permet d'estimer l'évolution, non seulement de sa perception, mais de sa capacité à se représenter une image mentale, puis de la transposer graphiquement. Si le bonhomme dessiné par un enfant de trois ans n'a pas la même allure que celui d'un enfant de quatre ans, ce n'est pas uniquement parce que ce dernier est plus maître de son crayon. C'est également parce que sa représentation des différentes parties de son corps s'est affinée. On le constate avec des enfants atteints de troubles de la personnalité (sans pour autant avoir des troubles moteurs) : le dessin du bonhomme, donc la représentation de soi, est bizarre, altérée.

---

1. Sigmund Freud, *L'Inquiétante Étrangeté et autres essais*, Folio, Gallimard, 1985.

Aux parents de repérer le stade graphique de l'enfant, car cette observation se révèle utile pour le choix d'un dessin animé ou d'un livre d'images. Des personnages d'une représentation trop complexe ne captent pas l'attention du très jeune enfant. D'ailleurs, plus l'enfant est jeune, plus la graphie doit être simple, volumineuse, facilement reconnaissable. Le dessin devient le support du langage, donne la possibilité de nommer les objets et les personnages, de les reconnaître par la suite. Les imagiers — *Le Père Castor*, entre autres — sont édités dans ce but de simplification, pour une meilleure compréhension du jeune lectorat.

Le plaisir du très jeune enfant vient, dans un premier temps, non pas de l'aventure du héros mais de sa présence permanente dans le dessin animé. Par leur identité stable, Petit Ours, Émilie, ou Mimi Cracra font la joie des petits, aussi bien en livres qu'en dessins animés. Cette permanence rassurante permet à l'enfant de s'intéresser à ce qui se passe sur l'écran. Son regard peut se promener sur l'image, ailleurs que sur la silhouette du héros, quoique sans le perdre de vue.

Dans *Kirikou et la sorcière*, le contraste graphique est flagrant entre les personnages humains et les parahumains. Il offre l'avantage de différencier d'emblée les deux mondes. Donner aux êtres inquiétants la complexité graphique la plus importante les rend paradoxalement moins visibles que le bébé aux formes rondes ou que sa maman. Là réside peut-être le secret de ce film qui plaît aux petits et aux grands.

Ce que l'enfant veut, c'est « s'y retrouver ». La satisfaction vient de l'identification possible au héros, dont la problématique correspond à l'enfant-spectateur. Le scénario doit laisser suffisamment de liberté et d'espoir pour que l'enfant choisisse sa solution. L'idéal est certainement « l'histoire à tiroirs » qui, suivant le degré de maturité de chacun, fait progresser le besoin de savoir et d'avoir des réponses. À cet égard, les contes de fées remplissent leur rôle à la perfection.

Ce que veulent les parents

Lorsqu'on interroge les parents sur leur choix de spectacles pour enfants, en particulier lorsqu'il s'agit de dessins animés, les réponses peuvent être classées en trois catégories :

— cela me rappelle mon enfance ;

— c'est éducatif ;

— cela les divertit.

Une classification quelque peu schématique, mais qui reflète des motivations empreintes de bonnes intentions.

• *Cela me rappelle mon enfance*

Consciemment ou non, tous les parents appartiennent à cette catégorie. S'ils se souviennent avoir aimé un dessin animé dans leur enfance, ils ressentent le besoin de partager leur plaisir, de le transmettre à leurs enfants. C'est souvent le cas pour des dessins animés dont Walt Disney avait pratiquement le monopole jusqu'aux années soixante-dix. Dans un autre style, *Le Roi et l'oiseau* (1979), de Paul Grimault, a également traversé les décennies sans dommages, en raison de sa qualité poétique.

Les parents retrouvent ainsi leurs souvenirs d'enfance et le plaisir naît sans doute davantage de la remémoration de l'émotion enfantine que de l'émotion actuelle, ou de celle de l'enfant dont les goûts se différencient peut-être des leurs.

Ainsi *Peter Pan* ou *Blanche-Neige*, qui ont provoqué des frayeurs à nombre d'enfants en âge d'être parents ou grands-parents aujourd'hui, laissent-ils de marbre les nouvelles générations. Le phénomène cinématographique fait tellement partie du monde actuel que la surprise de « l'image qui bouge » s'est évanouie dans l'habitude. Il faut bien l'admettre :

On ne partage pas sa madeleine de Proust.

Déception des parents ! C'est pourtant la preuve que nos enfants ne sont pas une réplique de nous-mêmes, que le temps a passé et que la différence entre les générations existe. Soyons heureux, au contraire ! Nous leur transmettons notre patrimoine culturel, ils en font autre chose et, si nous savons les écouter, nous continuons à apprendre à travers eux. Au lieu de se dire : « Il me rejette » ou « Il repousse tout ce que je lui propose », demandons-nous ce qui l'intéresse, comment il perçoit ce que nous lui transmettons et, ainsi, nous nous rapprocherons de lui. Jean-Georges Lemaire l'a montré dans *Famille, amour, folie*[1]. Plus tard, notre enfant transmettra à ses enfants ce que nous lui aurons transmis, en plus de ses propres expériences.

Être redevable à ses parents, ce n'est pas se sacrifier pour eux, c'est continuer à transmettre à ses propres enfants. Emmenons donc nos enfants voir ce que nous avons aimé, sans exiger d'eux qu'ils partagent notre avis. Laissons leur imaginaire s'exprimer.

• *C'est éducatif*

Qu'entendent les parents par éducatif ? Ils voient des suppléances éducatives dans le film pour enfants et dans le dessin animé. Leur difficulté à obtenir de leur progéniture une soumission aux règles familiales les autorise parfois à penser que le film permettra de faire comprendre à l'enfant qu'il doit obéir, apprendre, se laver, se plier aux habituelles occupations du quotidien. Les punitions et récompenses obtenues par le héros lui expliqueront la raison des règles.

Principes apparemment pleins de bon sens, ils ne font pas abstraction de la règle familiale, clairement énoncée, expliquée et appliquée. Dans le cas contraire, l'enfant ne fera nul rapprochement entre la situation fictionnelle et ce que réclament ses parents.

---

1. Bayard-Centurion, 1989.

« Enseigner un enfant,
ce n'est pas remplir un vase,
c'est allumer un feu. » (Montaigne)

Un dialogue entre l'adulte et l'enfant, liant le fictif au réel, peut alors s'engager. La participation active des différents membres de la famille crée une singularité familiale, qui donne à l'enfant la sécurité de l'appartenance à un groupe.

• *Cela les divertit*

« Divertir : détourner de ; distraire. » « Se divertir : se réjouir, prendre du plaisir. » Cela leur change les idées ou cela les amuse ? Se changer les idées, dans l'esprit des grandes personnes, c'est, pendant un laps de temps, oublier les soucis, les obligations. Sauf préoccupations graves liées à des situations d'angoisse, l'enfant n'a pas besoin de se changer les idées. C'est une vision que l'adulte projette sur lui. Au contraire, qui se souvient avoir vécu des événements douloureux pendant l'enfance sait aussi combien la quête d'une solution, la recherche d'une réponse l'entraînaient parfois bien loin de sa tâche scolaire ou des plaisirs de la découverte.

Prenons l'exemple d'un enfant confronté à la perte précoce d'un parent. L'impact traumatique qui fait trou dans sa psyché ne sera certainement pas résolu par la vision de spectacles distrayants, tant que le *deuil* ne sera pas fait et qu'un aménagement personnel, élaboré par lui-même, ne sera pas intervenu. C'est plus en l'accompagnant dans sa tristesse, en lui permettant de parler de son chagrin, qu'on aidera l'enfant, petit à petit, à s'acclimater à la perte qu'il a subie. Cela prend du temps et aucune tentative d'esquive ne permet de faire l'économie de ce travail psychique.

Le « deuil à vivre », selon l'expression de Marie-Frédérique Bacqué, n'est pas du même ordre lorsque les parents sont vivants. Ainsi, F., dix ans, reçut en colonie de vacances un courrier de sa mère qui l'inquiéta. Depuis plusieurs années, un climat de violence entre ses parents rejaillissait sur eux, les enfants. Étant l'aînée, elle essayait de protéger ses sœurs en inventant des astuces pour désamorcer les conflits familiaux. Le prix à payer en était fort cher : hyper-vigilance (attention maladive à l'environnement), maux de tête, désintérêt pour le travail scolaire. Le jour où elle reçut cette lettre alarmante pour elle, un spectacle de clown animait la colonie. L'idée que sa mère vivait une situation douloureuse et les réminiscences de scènes éprouvantes ne parvenaient pas à s'éloigner de sa pensée. Elle ne profita pas du spectacle, cherchant désespérément le moyen d'aider sa mère. Une monitrice qui l'observait en interpella une autre, assez fort pour que F. l'entendît : « Tu as vu la tête que fait F. ? Elle n'est même pas capable de s'amuser comme les autres ! »

Adulte, F., devenue éducatrice, n'oublia jamais cette scène et elle s'efforça de toujours repérer chez les enfants les signes d'une émotion inadéquate, fût-elle discrète. Pour elle, c'était la preuve d'une souffrance qui ne pouvait pas s'exprimer par des mots.

Pour s'amuser, comme pour apprendre, il faut que le champ mental soit libre.

S'amuser passe souvent par une rencontre, un événement inhabituel où la contrainte paraît légère, voire inexistante : le plaisir naît de la concordance entre ce que l'on attend inconsciemment et ce qui survient. Les tensions se dénouent et la satisfaction se place au premier plan.

Nombre de dessins animés croient offrir aux enfants des moments de plaisir intense en additionnant des péripéties irréalisables dans la réalité. L'action domine sous couvert d'une représentation animale sympathique, dont le jeune spectateur souhaite la victoire, puisque c'est pour la bonne cause *(Le Roi Lion, Bambi, Bernard et Bianca)*. Dans *Dragon Ball Z*, il s'agit de para-humains, dont l'enfant reçoit brutalement les « exploits » qui s'expriment à grand renfort de cris, bagarres, explosions et courses-poursuites. L'évolution du rythme des images est quasiment nul. Au mieux, les dernières secondes sont plus calmes, n'apportant pas l'apaisement nécessaire pour retourner à la réalité.

Dans toutes ces productions à décibels culminants, le jeune spectateur devient le voyeur obligé de prouesses techniques réalisées par des adultes qui, à l'évidence, ont oublié leurs lointaines émotions enfantines. La brutalité excessive, qui parfois crève l'écran, fait effraction dans le psychisme de l'enfant. Celui-ci, étant influençable, risque de l'imiter dans ses relations avec son entourage — surtout si ce dernier, par son comportement, ne lui a pas inculqué des conceptions plus « civilisées ». L'effet de ce débordement tapageur se répercute immanquablement sur l'humeur, avec de l'instabilité ou de l'agressivité.

Quand on prend le temps de parler avec les enfants, immédiatement après de tels spectacles, leurs commentaires sont plutôt réduits : « C'était bien, y avait de la bagarre... J'ai bien aimé quand X a envoyé Y en l'air... » Parfois, ils s'amusent à reproduire par des onomatopées de simples bruitages résumant les coups de poing ou les explosions. Leur fascination est manifeste, mais ont-ils vraiment éprouvé du plaisir ?

Pour l'enfant, le vrai plaisir consiste à donner du sens à ce qui n'en a pas encore. Alors, il a plaisir à se sentir fonctionner, à inventer, à jouer. Disons-le succinctement : ce que souhaitent les enfants lorsqu'ils regardent un dessin animé, c'est :

Être surpris, s'identifier au héros et, comme lui, résoudre une énigme.

Aux parents de vérifier le contenu de ce qu'ils offrent aux regards de leurs enfants.

La forme et le fond

> *« Banni du royaume de l'enfance, j'ai utilisé le moyen de l'écriture pour me l'approprier définitivement. »*
>
> (Christian Signol, *Bonheur d'enfance)*

À la question : que privilégier dans le choix d'un dessin animé, la forme ou le fond, que pourrions-nous répondre sinon : les deux ? Les deux, c'est-à-dire le contenu de l'histoire et son déroulement, pour aboutir à une conclusion, généralement une morale satisfaisante (le fond). La forme, c'est la manière dont la transmission va s'opérer : par le graphisme, le rythme, les dialogues, les bruitages et la musique. La cohérence des deux est indispensable pour une bonne transmission de l'histoire et de ses péripéties.

D'autre part, plus le spectacle est destiné à un public jeune, plus la logique des situations devient nécessaire et répétitive. Certains reprochent justement aux *Télétubbies* la façon simple — un événement par épisode — et répétitive — même action menée par les petits héros — de la construction des séquences. C'est oublier que cette série s'adresse aux tout-petits : certains spectateurs ont moins de deux ans ! Par ces scénarios simplissimes, avec la formulation claire des questions-réponses, l'enfant devient spectateur-acteur de la série. Il s'approprie la manière de résoudre un problème, capacité dont il pourra se servir dans ses expériences quotidiennes. Les petits personnages expriment, de façon perceptible, non seulement leurs interrogations, mais aussi leurs émotions, et chaque épisode se termine par un dénouement plausible.

Ici, le divertissement s'associe à l'éducatif, de façon judicieuse et agréable.

Il est fréquent d'entendre dire que l'éducatif est ennuyeux. C'est certain, lorsqu'on l'associe à un discours magistral, didactique. On pourrait plutôt avancer, en revanche, que tous les parents font de l'éducatif sans le savoir, par leur manière de transmettre des modèles, des exemples.

Nous référant à Jean-Georges Lemaire et à sa longue expérience de la communication au sein des familles, nous pouvons dire qu'un message est cohérent lorsque son contenu et les signaux qui l'accompagnent — tonalités, mimiques, émotions... — vont dans le même sens. Une concordance doit s'établir afin que le message soit perçu, puis harmonieusement assimilé. Cela ne signifie pas, bien sûr, qu'il ne faille transmettre que des messages idylliques aux jeunes enfants. Il s'agit, en l'occurrence, de transmettre un message joyeux, ou triste d'ailleurs, avec l'expression adéquate. Il faut se souvenir que l'humour est rarement perceptible par les tout-petits. Cette cohérence, nécessaire dans la vie quotidienne du jeune enfant, doit pouvoir se retrouver sur l'écran ; le cas contraire pourrait brouiller ses repères en construction.

Ainsi, un acte répréhensible, soumis à une sanction par les parents ou les enseignants dans la vie quotidienne, ne peut être à la fois disqualifié en paroles et toléré sur écran, sans susciter, à l'instar des séries — *Angela Anaconda...* — qui jouent sur la répétition, un effet pervers conduisant à la transgression.

On frémit à l'idée de l'effet produit sur un jeune enfant, lorsque les actes et les paroles de son entourage ne concordent pas, et qu'il voit, sur écran et sous prétexte de l'amuser, des situations similaires. La forme anodine que prennent certains comportements déviants, et présentés à répétition, provoque parfois chez le jeune spectateur un désir inconscient d'imitation qui nuit à son imaginaire.

Le scénario étant construit dans le but de maintenir le spectateur en haleine, l'auteur aura régulièrement injecté des scènes provoquant le résultat attendu. Pour l'enfant, l'histoire y perd en lisibilité, même si le réalisateur atteint son objectif : « faire du public ». Aucun éducateur digne de ce nom n'oserait approuver de telles méthodes. L'enfant, qui croit à ce qu'il voit, en conçoit une crainte diffuse, et l'agressivité le gagne dans les heures qui suivent le spectacle. Le calme revient difficilement. Faire peur pour fasciner ne saurait s'assimiler à un style de vie.

Dans certains films de fiction, une autre grande difficulté de transmission tient au décalage entre la pensée adulte du créateur et celle du jeune spectateur. Il arrive que la méconnaissance de la pensée enfantine conduise le créateur, en toute bonne foi, à oublier la jeunesse de son public et à produire une œuvre dont la lisibilité s'adresse davantage aux adultes, ou à de grands adolescents. L'œuvre peut être de qualité, esthétique et culturelle, mais sa forme trop complexe sera indécodable par l'enfant qui s'en désintéressera. Les retours en arrière qui désorganisent le temps, par exemple, ainsi que les rêves insérés dans la réalité du héros, les allers et venues débridés de deux héros poursuivant le même but, sont extrêmement difficiles à suivre avant l'adolescence. Le conte, avec son principe du déroulement linéaire, favorise à la fois l'attention, la compréhension et la mise en mémoire.

Le très beau dessin animé japonais *Princesse Mononoké*, de H. Miyazaki, est un exemple frappant de ce type d'erreur déstabilisante. Les enfants d'âge primaire — six-dix ans — ont été incapables de restituer l'histoire autrement que par bribes, sans liens, et les plus jeunes n'ont pu maintenir leur attention très longtemps. Le sens du film ne pouvant servir de « liant », les scènes brutales ont été perçues comme déroutantes et inquiétantes.

Déroutants aussi, certains scénarios humoristiques. Pour qu'il déclenche le rire, l'humour doit correspondre à la capacité de l'enfant à assimiler des situations ou des paroles au « deuxième degré ». Le gag le plus répandu dans les scénarios comiques est la chute d'un personnage ou sa rencontre inopinée avec un obstacle. Charlie Chaplin a abondamment utilisé ce genre de scène, que les dessins animés, auxquels la technique permet les fantaisies les plus hasardeuses, ont ensuite repris. Les personnages tombent dans un précipice et en remontent aussitôt, par la magie du trucage. Le caractère effrayant de la chute est aussitôt annulé par la remontée spectaculaire. L'intervalle entre les deux actions est si court que l'inquiétude n'a pas le temps de s'installer. Si la musique et les paroles associées aux images sont suffisamment significatives, l'enfant, même jeune, sera ravi de voir sur écran des situations factices dont le côté artificiel ne lui échappera pas.

En revanche, lorsque l'humour devient plus subtil, que la référence au « pour de rire » n'est pas immédiatement fournie par le scénario, l'effet produit s'entoure de nébulosité. L'enfant ne perçoit pas l'humour sous-jacent et se détourne du spectacle.

Cependant, si la forme présente un aspect attrayant pour d'autres raisons — allure des personnages, langage commun, lieux connus... —, il est possible que l'enfant continue à s'intéresser à ce qu'il voit, même s'il ne saisit pas la finesse des traits humoristiques.

On a pu s'en rendre compte avec le film d'animation *Chicken Run* qui, par la qualité de sa mise en scène, les matériaux employés — de la pâte à modeler — et l'anthropomorphisme des animaux, a fait la joie des jeunes spectateurs. Ils n'ont pour autant pas perçu les allusions à un autre film qui fait partie de la mémoire du cinéma, *La Grande Évasion*, pas plus qu'ils n'ont compris les références à un passé tragique : la guerre et les camps de concentration. *Chicken Run* n'en fut pas moins un spectacle familial, au contenu débordant d'aventures désopilantes et dont la forme, « à double fond », plaît aux petits et aux grands.

Quand le créateur triche, pour répondre à l'injonction de « faire du public », ou si ses références culturelles sont très éloignées de celles de son public, le résultat se révèle infiniment moins appréciable. Prenons pour exemple le film et la série *South Park*, très controversés et que certains parents interdisent à leurs enfants. L'animation, en elle-même, n'est pas en cause : décors fixes, personnages-boules, collages, couleurs nettes. C'est sur le fond que cela grince : le dialogue est émaillé d'insultes et les situations sont fondées sur la transgression.

South Park n'est pas une fiction à l'usage des enfants, comme son genre — film d'animation — pourrait le laisser croire. Il soulève d'ailleurs une interrogation à propos de la recrudescence des films d'animation pour adultes, dans la publicité ou le cinéma. Le coût moins élevé du procédé, par rapport aux films de fiction avec des personnages, a de quoi tenter les producteurs. Ce cinéma s'adresse principalement aux jeunes adultes dont l'enfance fut bercée par des mercredis de dessins animés et qui constituent un public tout trouvé pour l'Audimat.

Pour conclure sur la question de l'humour comme forme de communication, nous retiendrons qu'il est indispensable de différencier ce qui fait rire un adulte de ce qui peut choquer un enfant.

Filles et garçons face aux personnages

« Tout est sexuel ! » Voilà un aphorisme de Sigmund Freud qui a été bien malmené ! Nous sommes tous des êtres sexués. Dans notre réalité physiologique, mais aussi dans nos identifications et dans le regard que les autres portent sur nous. La « petite différence » entre les garçons et les filles a provoqué, et provoque toujours, un traitement différent de la part des aînés. La discrimination et le sexisme en sont les extrêmes. Il faut pourtant se rendre à l'évidence, chaque sexe présente des caractéristiques spécifiques : une fille deviendra mère et un garçon deviendra père. L'évolution des mentalités peut permettre des aménagements de statuts — familles monoparentales, homosexuelles… — mais, physiologiquement, l'enfantement reste une spécificité féminine, comme le pénis est l'organe du masculin.

Plutôt que « tout est sexuel », disons que « tout est sexué ».

Bien avant la naissance, les parents imaginent le sexe de leur enfant, confirmé ou non par l'échographie. Le « sexe désiré » peut d'ailleurs évoluer dans l'imaginaire parental, en fonction des discussions au sein du couple mais aussi avec les autres membres de la famille, en particulier des grands-parents qui ne manquent pas d'exprimer leur préférence.

« L'enfant imaginaire » va donc être pourvu, avant de naître, des caractéristiques produites par les fantasmes de ses parents, qui en feront la synthèse par le choix du prénom. Puis viendra, avec la naissance, la confrontation avec l'enfant réel et l'adéquation ou non avec le désir parental. Dans les cas heureux, les désirs seront comblés ; sinon — espérons-le — le temps arrangera les choses.

À l'âge où l'enfant a accès au dessin animé, bien des éléments sont déjà en place dans son psychisme et celui de ses parents. La petite famille a fait connaissance et a plus ou moins bien réussi à vivre ensemble. Cependant, sur la scène du théâtre familial, une grande partie de ce qui se joue se passe sur un mode inconscient, à l'insu des protagonistes.

Par ailleurs, le groupe socioculturel auquel appartient la famille va également avoir de l'influence sur l'enfant. Suivant les conceptions familiales, le choix de spectacles proposés aux enfants peut se différencier, selon qu'on s'adresse à une fille ou à un garçon. De manière stéréotypée : les dessins animés d'aventures aux garçons, les films plus intimistes aux filles.

C'est souvent l'accès à l'école maternelle, symboliquement considérée comme l'entrée dans la vie sociale, qui va déterminer une nette différenciation entre garçons et filles : pour se mettre en rang, se répartir en groupes, aller aux toilettes…

Pendant toute la période préœdipienne — période précédant l'organisation des mouvements amoureux et hostiles de l'enfant envers les parents —, jusqu'à quatre ans environ, il sera encore facile d'intéresser filles et garçons aux mêmes activités. Ensuite, par le jeu des identifications aux parents, la différenciation des sexes se fera plus nettement, et le choix des héros s'opérera sur des modes plus variés.

Vers trois ans, l'enfant qui s'est différencié d'autrui par sa capacité à dire « je », puis « le mien », « le tien », s'enrichit de qualités qui vont le valoriser aux yeux des autres. Il est dès lors conscient que cela dépend de ses actes. Ensuite, le sentiment d'appartenir à un groupe se confirmera grâce à la communication par le langage, qui diminuera les contacts physiques : au lieu d'arracher des mains d'un autre le jouet convoité, l'enfant va lui demander s'il veut bien le lui donner.

Les jeux d'imitation solitaires, essentiellement liés au quotidien, vont être remplacés par les jeux d'imitation des héros d'histoires racontées ou vues à la télévision. Ils s'enrichiront de nouvelles aventures imaginées par l'enfant lui-même, qui élira un certain type de héros, sexuellement caractérisé, dont l'influence se répercutera sur ses relations avec autrui.

Les comportements de chaque enfant seront le reflet de ses composantes individuelles — son tempérament — et de sa manière d'entrer en relation avec les autres — son caractère. Ainsi, chacun préférera une certaine catégorie de personnages, dans laquelle il choisira un ou plusieurs héros. Généralement, son héros appartient au même sexe que lui. Mais c'est à la sortie de la crise œdipienne et en entrant à l'école que cette appartenance psychique se détermine avec le plus de netteté. Avant, plus l'enfant est jeune et plus il joue indifféremment le rôle d'un papa ou d'une maman, qu'il soit fille ou garçon.

À l'école primaire, dans les cours de récréation, les garçons sont des héros très virils — cow-boys, chevaliers, sportifs… — alors que les filles préfèrent imiter des héroïnes à la féminité nettement définie : maman, maîtresse ou princesse de contes de fées.

Les identifications se mettent en place de façon oscillatoire, jusqu'à ce que l'enfant ait trouvé les caractéristiques lui convenant, qui formeront sa personnalité. Certains parents ont tendance à s'opposer aux préférences de leurs enfants et à leur imposer des jeux de l'autre sexe, pour éviter une éducation sexiste. C'est une erreur ! Inversement, un garçon qui joue à la poupée ne doit pas faire craindre à ses parents — car c'est bien de crainte qu'il s'agit — qu'il se prenne pour une fille : il n'est pas nécessaire de « l'endurcir ». De même, une fille qui aime jouer au cow-boy ne se prend pas forcément pour un garçon ! L'enfant s'essaye à ce qui se présente à lui ; ensuite, il choisit.

Les caractéristiques des héros de dessins animés sont d'ailleurs parfois trompeuses. Sous des aspects d'appartenance à un sexe, les personnages — héros ou héroïne — peuvent avoir des comportements généralement attribués à l'autre sexe. Dans la série récente *Angela Anaconda*, les filles sont dominantes, chefs de bande, alors que les garçons ne sont que des exécutants passifs, dévalorisés. Joanna Ferrone, l'auteur de cette série avec Susan Rose, explique comment elle s'est inspirée de sa propre enfance pour mettre en scène des situations avec l'intention de faire rire. Comme tout réalisateur de fiction, les créatrices d'Angela n'ont pas échappé à la règle de la « projection » (action d'attribuer à autrui les caractéristiques qui nous sont propres).

En revanche, la série américaine *Archie, mystère et cie*, destinée aux dix-douze ans, et qui prétend refléter le monde des enfants de cet âge, renforce le sexisme par des petites phrases assassines du genre : « Elle est pas trop bête pour une fille… » ou « Pas trop macho pour un garçon ». Mine de rien, ces dialogues distillent des stéréotypes dont tout le monde aimerait se défaire, mais qui persistent malgré les aménagements légaux de non-discrimination.

Les dessins animés qui proposent cette sorte de situation sont ceux que l'on pourrait qualifier de « mimétiques ». Ils n'offrent pas aux enfants suffisamment de distance avec leur vie courante pour leur permettre de jouer avec l'image.

Tout le monde rêve, aime, déteste, désire… Ce sont des préoccupations communes à tous les êtres humains. Si les aléas de la vie individuelle, intérieure et sociale, influencent la forme de ces sentiments, le fond reste le même :

Exister, c'est ressentir.

Ensuite, l'éducation enrichira ce que nous ressentons, le côtoiement d'autres individus fera évoluer notre connaissance, nos conceptions. Nos goûts se confirmeront, nous porteront vers un certain type de personnage, d'image, de musique. Nous sommes tous des êtres relationnels et, que nous vivions seuls ou en communauté, notre sentiment d'appartenir à une lignée, à un sexe, fait partie de notre statut d'humain :

Être seul, ça n'existe pas.

Un enfant qui se sent seul éprouve un manque. Quelqu'un lui manque : « Je m'ennuie ! », se plaint-il. L'autre, celui qui lui manque, n'est pas forcément humain ; ce peut être un compagnon imaginaire, parfois un double, un personnage de fiction. Les enfants disent de lui : « Il est gentil… Il est courageux… Il invente des choses… Il est beau… Il aide les autres… Il est malin… Il me fait rire… », tout cela pouvant, bien entendu, être mis au féminin. Ces commentaires sont l'écho d'une réaction émotionnelle qui transforme un être de fiction en partenaire imaginaire.

Les tout-petits ont besoin d'un héros rassurant, agissant dans des situations très simples, à l'instar des *Télétubbies*. Pour les plus grands, et de manière de plus en plus complexe, le personnage doit mettre l'enfant devant une énigme à résoudre, et c'est dans la résolution en commun, héros-enfant, de cette énigme que se jouera l'identification.

Il est cependant nécessaire d'établir une distinction entre les réactions des filles et des garçons d'âge scolaire — sept-douze ans. En écoutant les réflexions des enfants, derrière le désir de s'identifier à un prince ou à une princesse, deux grandes catégories d'aspirations se confirment : celle de « l'être » et celle de « l'avoir ». En d'autres termes, le garçon s'identifie au héros fort, courageux, qui ose agir, alors que la fille, tout en s'identifiant à la jolie princesse, parle de celui qu'elle attend.

Les jeux d'imitation, après la projection d'un film, montrent combien le garçon veut être un héros — celui qui agit — alors que la fille s'intéresse au héros en tant que prince charmant — celui qui aime. Le futur malentendu homme/femme est déjà en place, avant même que les relations amoureuses soient effectives. Le garçon montre ce qu'il sait faire, la fille attend des sentiments.

Et si la solution se trouvait dans le mélange des genres ? Disons que le héros n'agirait pas seulement pour arborer ses prouesses mais dans le but de satisfaire la demande d'autrui. Le renoncement à une position narcissique, centrée uniquement sur soi, pourrait s'effectuer sans la crainte d'être « dévoré par l'autre »…

Pour s'approcher au plus près du noyau humain, sans discrimination, ne faut-il pas, comme Michel Ocelot, « croire à la morale et aux grands sentiments » ? La série *Princes et princesses* — du même Michel Ocelot — nous en donne un exemple qui dénote une profonde connaissance du cœur humain : mettre en scène la générosité, l'imagination, la détermination, la bravoure, peut être une autre manière de conquérir, bien supérieure à l'emploi de la violence.

Les enfants (filles ou garçons) ne comprennent pas que les méchants gagnent. Ils savent que les méchants existent, mais ils espèrent toujours un retournement de situation qui leur fera payer leurs méfaits. Les dessins animés qui tablent sur la victoire des méchants sont vite abandonnés par les jeunes spectateurs. Rire de la méchanceté est une idée d'adultes !

Dans *Angela Anaconda*, les filles des deux clans emploient des stratagèmes tout aussi perfides. Mais c'est Nanette, la jolie blonde aux anglaises, qui séduit plus qu'Angela, la petite rousse aux taches de rousseur. C'est la plus séduisante mais surtout la plus méchante qui gagne ! Que dire à un enfant qui regarde cette série ? Aucune morale digne de ce nom ne peut en être tirée. Pourquoi Nanette est-elle méchante avec Angela ? Allez expliquer à une enfant de huit ans que Nanette a peur qu'Angela prenne sa place de chef de bande, alors qu'elle est elle-même la chouchoute de la maîtresse qui est complice — inconsciente ? — de la perfide. De quoi rendre agressive ou morte de peur la plus gentille des petites filles. Sans compter que les spectateurs garçons se font une drôle d'idée des manigances des filles pour arriver à leurs fins.

L'attitude des parents — dans la série — n'est pas faite pour ramener un semblant d'harmonie. Ils se conduisent eux-mêmes comme des enfants : le père bricole des inventions absurdes avec le sèche-cheveux de la mère, pendant que celle-ci, sans discernement, comble de gâteries l'ennemie de sa fille.

Aussi bien sur l'écran que devant le poste, les parents sont réduits à l'impuissance. Est-ce là un modèle d'identification possible pour de jeunes enfants, filles ou garçons ?

L'action sans émotion,
ce n'est pas de la vie,
c'est de l'occupation.

7

Comment choisir un dessin animé ?

« Le cinéma, un art dont les procédés de présentation sont mécaniques, donc soustraits à l'interprétation humaine et à ses fluctuations… »

(Charles-Ferdinand Ramuz)

Pour bien choisir

Emmener un enfant voir un spectacle ne se fait pas à la légère. Les parents et les éducateurs se renseignent auparavant sur la teneur du spectacle, en fonction du désir de l'enfant mais aussi de leurs propres critères moraux, sociaux et éducatifs.

Lorsque les jeunes spectateurs ne sont plus en âge ou ne souhaitent pas être accompagnés de leurs parents, l'influence se révèle plus difficile. Pour suivre leurs copains, ils peuvent être amenés à voir des films néfastes pour leur psychisme, qui seront suivis de cauchemars ou de phobies. « L'image n'a pas seulement la possibilité de représenter un objet et celle de l'évoquer d'une manière mobilisatrice de transformation de soi, de l'image et du monde. Elle a également la capacité de contenir cet objet et son spectateur dans une même enveloppe et de donner l'illusion d'une perception partagée », rappelle Serge Tisseron[1].

L'image en elle-même possède un rôle de transformateur. « Voir » fait « toucher du regard », bouleverse les

1. Serge Tisseron, *Psychanalyse de l'image, des premiers traits au virtuel, op. cit.*

croyances, les scepticismes des saint Thomas et peut transformer à tort ou à raison les doutes en certitudes.

Il nous arrive de penser que l'image redonne à l'absent sa présence et nous voulons tous croire à cette illusion de l'image, témoignage du réel. C'est oublier qu'il s'agit de la fabrication — en deux, puis en trois dimensions, avec le virtuel — de personnages, de lieux, d'objets créés de toutes pièces par un technicien. La confusion entre réel et virtuel est d'autant plus probable que l'enfant est jeune, et que ses connaissances techniques sont peu développées.

Le dessin animé possède un pouvoir magique : des graphismes, tels que l'enfant lui-même pourrait en produire, se déplacent, parlent, dans un cadre défini. C'est merveilleux… et en même temps, angoissant.

Lors de la conférence-débat pour la présentation de son ouvrage *Enfants sous influence*, Serge Tisseron affirmait que les connaissances techniques transmises à un enfant sur la conception des images étaient un bon moyen de désacraliser l'image et d'en atténuer la violence. Cependant, avant l'âge de raison, les enfants sont sollicités par l'écran et ne sont pas forcément aptes intellectuellement à comprendre les données techniques. D'où l'importance d'un accompagnement.

Essayons de cerner les questions que nous devons nous poser avant d'« appuyer sur le bouton ».

Qu'y a-t-il au programme ?

Le choix préférentiel est d'abord lié à la consultation du programme puis à l'évaluation du contenu du film, sélectionné en fonction de l'âge et des intérêts de l'enfant.

Lorsqu'il y a le choix entre deux dessins animés programmés à la même heure, il peut être utile d'enregistrer l'un des deux afin, s'il vous paraît répondre à vos critères, de le visionner par la suite avec l'enfant.

Pour la première vision d'une série, le risque fait partie du choix de celle-ci. Discuter ensuite du premier épisode avec l'enfant permet d'en estimer l'impact. Si, pour une raison ou une autre, les réactions ne vous semblent pas satisfaisantes, n'hésitez pas à écarter immédiatement ce programme. Au bout de quelques épisodes, l'enfant devient dépendant de cette série, machinalement.

Tenir compte de l'âge de l'enfant

En principe, les heures de programmation sont calculées par les diffuseurs en fonction du rythme de vie des enfants. Les tout-petits se levant très tôt, les premières émissions du matin sont généralement diffusées à leur intention. Elles demandent cependant une vigilance de l'adulte car, très vite, et toujours sous forme de dessins animés, la programmation évolue, à destination des enfants scolarisés.

Pour peu que le petit soit laissé aux soins de ses frères et sœurs aînés, il peut être soumis à des graphismes, bruitages et dialogues difficilement décodables et provocateurs de tensions. Il en est de même pour les programmes diffusés lors du retour de l'école : les programmes pour les plus petits sont suivis par des émissions destinées aux adolescents et aux adultes, sans la nette interruption qui les différencierait du programme pour la jeunesse.

La durée

La durée d'une émission est également fonction de l'âge de celui qui la reçoit. Plus l'enfant est jeune, plus courte est sa capacité d'attention. Avec la télévision, la difficulté consiste justement à éteindre le poste, alors que plusieurs films d'animation s'enchaînent — le risque d'« hypnose » est garanti si la durée du programme n'a pas été limitée dès le départ.

Observer son enfant au cours de la projection d'un film est le meilleur moyen de savoir ce qui lui convient. Des signes d'agitation, le regard qui se déconcentre sont autant d'indicateurs de la perte d'attention et du désintérêt.

Les messages transmis

Si le contenu de l'histoire ne semble pas respecter les enfants ou ne correspond pas aux valeurs que vous voulez transmettre — même si la séduction s'exerce sur l'enfant par un marketing adroit —, expliquez à l'enfant pourquoi vous ne souhaitez pas qu'il regarde ce film. S'il est plus âgé, il est possible de nuancer l'interdiction, à condition de prendre le temps d'engager une discussion, dans le but d'aiguiser son esprit critique.

Savoir choisir, c'est renouer avec son libre-arbitre.

Le langage

L'impact de l'image semble, à première vue, primordial dans un film d'animation mais, si captivante que soit cette image, ce n'est pas une raison pour négliger la qualité des dialogues et des commentaires qui l'accompagnent.

La forme du langage

Il se doit d'être clair et formulé de telle manière que le jeune public visé comprenne aisément son contenu. Plus l'enfant est jeune, plus le langage se doit d'être concret, parfois même doublant l'action, voire quelque peu répétitif. Puis, en l'absence de l'objet qu'il veut évoquer, le jeune enfant s'exprime de façon plus imagée. Alors, le langage employé peut faire allusion à des objets, personnages ou événements non visibles et les exprimer avec des mots qui déclencheront la représentation mentale.

Le timbre des voix, le rythme des paroles sont également à prendre en compte, dans la cohérence son/image et l'effet produit, excitant ou apaisant. C'est surtout valable pour les productions étrangères doublées, qui, parfois, manquent de cohérence avec les caractéristiques des personnages.

Le dialogue qui se veut proche du langage enfantin utilise souvent, de façon démagogique, des erreurs de syntaxe propres à la tranche d'âge ciblée. C'est particulièrement vrai dans les séries destinées aux adolescents, vraisemblablement pour les accrocher avec des expressions vulgaires et le « verlan » utilisés à grande échelle dans les cours de récréation. Les parents qui interdisent ce langage à la maison se le voient imposer par le petit écran et en expriment leur mécontentement. Attitude cohérente qui confirme la présence d'une règle édictée par l'adulte.

« Le langage des enfants entre eux est un langage de groupe. Il leur est nécessaire de différencier les stades de l'enfance et les générations. Le langage adolescent, utilisé par tous les âges d'une famille, contribue à une indifférenciation de ses membres, à la confusion des rôles[1]. »

Le fond

C'est ce que le réalisateur aura transmis ou aura voulu transmettre, le contenu essentiel en quelque sorte. Les images sont alors très porteuses car elles montrent l'action, parallèlement au discours, pour arriver à la conclusion, au dénouement de l'histoire. Pour paraphraser André Malraux : « C'est ce qui va rester de l'histoire quand on aura tout oublié. »

Le fond est véhiculé par le métalangage, c'est-à-dire le langage comprenant à la fois l'expression et le contenu du langage ordinaire (le signifiant et le signifié). Les représentations mentales en découlent et vont se forger en fonction de toutes ces transmissions, parfois à notre insu, et l'image en fait partie, puisqu'elle a un sens.

L'esthétique

Le tracé et les couleurs sont des éléments importants dans le choix des dessins animés. L'éducation du goût passe par la confrontation avec des dessins originaux, harmonieux, en accord avec les émotions qui veulent être transmises.

Par ailleurs, le développement physiologique réclame que plus l'enfant est jeune, plus le tracé doit être net et dépouillé, cernant les personnages qui vont se découper sur le fond — à l'instar de la ligne claire d'Hergé, dans la bande dessinée. Les traits hachurés, la profusion de

1. Agathe Fourgnaud, *La Confusion des rôles*, Lattès, 1999.

petits détails sèment la confusion dans l'esprit du jeune enfant. Associés au mouvement, ils peuvent même gêner sa compréhension. Le décodage s'effectue alors sur la séparation des espaces, au détriment de l'écoute des dialogues et du sens de l'histoire, provoquant, au final, une frustration signalée par un comportement désordonné. La simplicité du trait, qui détache les personnages du décor, est toujours à privilégier. Les personnages aux formes rondes sont perçus comme bienveillants, ceux aux formes anguleuses symbolisant plutôt l'agressivité.

Le rythme

Nous l'avons vu, le rythme acceptable du déroulement d'un film varie avec l'âge. Dans tous les cas, les enfants ont besoin de rentrer dans l'histoire, pour en suivre tranquillement les péripéties. Des plans-séquences trop rapides, un rythme accéléré rendent la lisibilité et le décodage laborieux — l'agitation observée chez les jeunes spectateurs en atteste. D'ailleurs, certains dessins animés pour enfants sont parfois difficiles à suivre, même par les adultes qui, lassés, abandonnent...

Très à la mode, les mouvements de caméra, tout en procurant une sensation de vertige, violentent également les repères de l'enfant. Ils le déstabilisent, mettent en difficulté les repères axiaux — verticaux et horizontaux — de son propre corps, qui sont encore un peu fragiles.

Autres éléments de rythme dont il convient de tenir compte, selon l'âge : les rythmes sonores et musicaux associés aux images, comportant des explosions et des éclairs. Leur profusion, dans un court laps de temps, agresse le jeune spectateur et le rend irritable.

Nous retiendrons donc que choisir un dessin animé, c'est :

— étudier le thème ;

— le visionner au moins une fois, avec ou sans l'enfant, avant qu'il ne le regarde seul ;

— repérer les comportements de l'enfant pendant et après ;

— discuter avec lui de sa compréhension du sujet ;
— se fier à son impression générale d'adulte.

Ces conseils valent pour le petit écran et pour les cassettes vidéo. Pour les films en salle, la lecture de quelques critiques permet déjà de se faire une première opinion, tout en se méfiant d'un marketing parfois peu scrupuleux. Il est certain que le bouche-à-oreille permet un choix mieux motivé : certaines familles ont eu l'initiative de former une sorte de pool culturel et se communiquent entre elles leurs impressions sur les films pour enfants.

Avec Serge Tisseron, souvenons-nous que « du fait de son rapport fondamental avec les schèmes de contenance et de transformation, toute image est constamment habitée par la possibilité de contenir ce qu'elle représente et par celle de pouvoir transformer qui la regarde ou ce qu'elle regarde ».

Les contenus manifestes et latents

> *« Depuis plus de cinquante ans que je subis l'ennui de la vie réelle, je n'ai trouvé aux soucis qui la dévorent qu'une compensation, c'est d'entendre des contes et d'en composer moi-même. »*
>
> (Charles Nodier)

Lorsqu'ils sont considérés comme des « produits naïfs et un peu simples », les contes ne sont apparemment, pour certains, que des « histoires à dormir debout ». Ceux qui emploient cette formule, généralement péjorative, ne croient pas si bien dire. En effet, Freud l'a démontré, le rêve et le conte sont tout à fait comparables.

Comme dans le rêve, la trame du conte — l'anecdote, en quelque sorte — semble être créée pour faire, selon Freud, « un brillant travestissement des idées latentes ».

Le conte est comparable au rêve : on y trouve des situations semblables et une image du rêve signifie autre chose que ce qu'elle semble exprimer. En examinant la relation entre l'image et le sens auquel elle renvoie, on fait ce que Freud appelle le travail d'analyse.

Dans le rêve, le *contenu latent**, inexprimé, précède le *contenu manifeste** et le « travail du rêve » transforme l'un en l'autre. Refoulé dans l'inconscient, le contenu latent va apparaître dans le rêve sous une forme déguisée.

Le conte a été créé à partir de préoccupations et de conflits internes communs à tous les êtres humains, quelle que soit leur origine. Celui qui le déchiffre fait donc, comme dans le rêve, un travail d'analyse. Les contes perdent ainsi leur caractère anodin, prennent un sens et une valeur symboliques.

Reprenons le schéma freudien du processus du rêve :

Contenu latent	⇨	Contenu manifeste	⇨	Élaboration secondaire
Désir inconscient	⇨	*Compromis désir/censure*	⇨	*Récit*

Nous retrouvons là, également, le processus créateur : le désir inconscient se traduit par l'œuvre réalisée, transmise par son créateur au spectateur, qui l'interprète.

Dans le dessin animé, œuvre de création, les intentions conscientes de l'artiste, traduites par le graphisme et le récit, se doublent d'un contenu non formulé qui sous-tend l'histoire. Ce contenu, à l'instar du conte, peut comporter plusieurs problématiques. Dans *Bambi :* grandir et s'identifier au père ; dans *Le Roi Lion :* prendre la place du père — problématique œdipienne. Dans de nombreux dessins animés, les relations fraternelles sont traitées à travers des fratries et également dans la compétition entre bandes rivales, ce qui équivaut à un déplacement moins culpabilisant.

Le sens caché derrière ce qui est montré de façon évidente va faire réfléchir l'enfant, lui donner à penser au-delà du récit descriptif.

Si l'enfant raconte l'histoire comme une suite de situations sans liens et privées de leurs caractéristiques morales et affectives, il convient de l'aider à exprimer et à trouver un sens à ce qu'il a ressenti. Pour parler de ses sentiments, il créera des références de plus en plus variées. Par la suite, il pourra dire : « Je suis triste, je suis curieux, je suis jaloux, comme… », et ainsi entrer dans la culture par la porte de la métaphore.

Au-delà du récit, les actions associées aux paroles des personnages de façon cohérente en révèlent le sens caché. C'est la découverte de ce deuxième degré qui rend le monde intelligible.

L'esthétique

« L'œuvre créée se situe entre l'observateur et la créativité de l'artiste. »

(D. W. Winnicott, *Jeu et réalité*)

Définir ce qui est beau dans l'absolu relève de la quadrature du cercle. La formulation de Kant : « Qui plaît universellement sans concept », exprime la complexité d'une notion dont l'utilisation, depuis l'enfance, nous est quotidiennement familière.

Le jugement esthétique fait partie de l'éducation et de la transmission familiale, au même titre que la morale. Bon ou mauvais, le goût se forme à travers le jugement de l'entourage sur ce qui est perceptible. Le terme « beau » étant employé indifféremment pour le « bien » et pour le « joli », le jeune enfant confond les deux valeurs. Lorsqu'il entend : « Ce n'est pas beau de désobéir », et par ailleurs : « Ton dessin n'est pas beau », il lui est difficile de différencier l'esthétique de la morale.

Les deux notions s'intriquent également dans les dessins animés destinés aux enfants, et certains créateurs auraient intérêt à reconsidérer leurs conceptions du *beau*. L'esthétique, au sens artistique, ne suffit pas à faire un beau dessin animé, tout comme une fiction moralement belle, mais au graphisme maladroit, ne peut convenir à la définition du beau. Si une œuvre comme *Kirikou et la sorcière* a été vue et aimée par un public de trois à soixante-dix ans et plus, c'est qu'elle reflète, par le fond et la forme, la sensibilité humaine de tous les âges. Le créateur s'adresse à l'enfant qu'il a été et qu'il porte toujours en lui. Ce qu'il aime et ce qu'il a aimé dans son enfance prennent forme et ont alors une valeur de transmission du plaisir.

Ce n'est pas une réalité qui est transmise mais un imaginaire suffisamment dosé pour que le spectateur y mette une part de sa propre création, bâtissant ainsi un espace commun qui englobe ce qui est suggéré et ce qui est projeté : c'est l'espace affectif que Winnicott nomme « l'espace transitionnel ».

Le beau touche l'enfant parce qu'il invente le beau par le plaisir de se retrouver dans ce qu'il n'est pas.

Ainsi, il peut retrouver sur l'écran la violence qui est en lui et ses émotions peuvent ressurgir à travers de belles images ou un beau dialogue.

L'esthétique n'entre pas dans le registre du savoir. L'incompréhensible peut sembler beau et, dans ce cas, la pensée ne cesse pas de fonctionner : l'imagination créatrice se met en mouvement.

Les productions enfantines — orales, écrites ou plastiques — venant à la suite de la projection d'un film nous renseignent sur sa valeur esthétique jugée individuellement. Ce n'est plus la perception qui domine mais l'imagination : l'espace de rêverie a pu se constituer.

Comprendre l'histoire

> *« Faire des films, c'est descendre par ses plus profondes racines dans le monde de l'enfance. »*
>
> (Ingmar Bergman)

Nous sommes tous, plus ou moins, attirés par le cinéma, par sa magie, son dépaysement. Mais bien souvent, par paresse, manque d'envie de sortir, nous nous privons du plaisir de voir des films qui nous auraient intéressés. « Bah ! pensons-nous, on les verra dans un ou deux ans, à la télévision ! »

Ah ! la télévision, que de sorties sacrifiées en son nom ! Avec la multiplication des chaînes, les films pénètrent le foyer familial sans qu'il soit nécessaire de prévoir comment occuper une soirée. La facilité de maniement du petit écran lui confère une toute-puissance et la déception se profile quand « il n'y a rien à la télé ». Le cinéma en salle demande l'effort de se déplacer ; la télévision est d'un usage plus passif — et bien plus précoce. La cassette vidéo est à mi-chemin. Les jeunes enfants ne vont pas seuls au cinéma, des adultes les accompagnent ou des camarades, dès que l'âge le leur permet : c'est alors une démarche socialisée.

La télévision — un poste par chambre — peut en revanche provoquer des isolements parfois inquiétants. Certains enfants racontent leur week-end comme une succession d'émissions de télévision sur lesquelles ils ont *zappé*, parce que « maman avait du travail à la maison » et que « papa faisait de l'ordinateur ». Si elle se répète régulièrement, cette situation isole tous les membres de la famille, rompt le dialogue et, lentement, dissout les liens.

L'image captivante de la télévision devient un substitut relationnel, momentanément satisfaisant, car excluant le reste du monde. L'ennui est écarté mais le désir demeure. L'enfant s'en aperçoit, lorsque l'écran redevient noir. À quel désir aspire-t-il obscurément ? À celui d'être acteur. Non pas pour jouer un rôle sur une scène mais pour se sentir exister, grâce à la découverte de quelque chose qui l'étonne, qui le fait réfléchir : sa pensée devient autonome, à partir d'une interrogation qui surgit face à du surprenant.

Comprendre, c'est assimiler.

Pour assimiler, il faut du temps. Être bombardé d'impressions jusqu'à l'épuisement ne permet pas d'assimiler. Plusieurs heures de télévision par jour maltraitent le psychisme de l'enfant. Aucun enseignant ne contraindrait un enfant au même temps d'activité, au risque de provoquer des troubles de l'attention. D'ailleurs, nombre de parents s'émeuvent de l'insistance des enfants qui refusent de « décoller » de l'écran, même si le sujet ne présente aucun intérêt.

Il semble que l'effet d'hypnose — le terme n'est pas trop fort — provoqué par le tube cathodique en soit responsable. Certains parents se reconnaîtront dans ceux qui ont retrouvé leur enfant, le regard fixe devant la « neige » — ce brouillage de l'écran —, une fois le programme terminé.

Il est tentant d'utiliser la télévision — et avec bonne conscience — comme un auxiliaire d'éducation : pendant ce temps, l'enfant ne bouge pas, il ne dérange pas, ne se met pas en danger… C'est certain, assis confortablement dans un canapé, il ne mettra pas le feu à la maison, ne va pas se couper, ne tombera pas dans l'escalier… Sa pensée s'engourdira peut-être, mais on peut toujours estimer que cela ne laisse pas de traces. Canal + ne s'y est pas trompé, lors de sa campagne publicitaire avec pour slogan : « Quand on regarde Canal +, on n'est pas devant la télé », espérant ainsi aller contre l'idée de la passivité du spectateur.

C'est la participation de celui-ci qu'il serait souhaitable de restaurer. Participer n'est pas impossible, à condition de ne pas trop exiger de la télévision, de la limiter à son rôle de substitut à domicile du cinéma en salle.

Comment utiliser la télévision avec un enfant ?

En premier lieu, les éducateurs doivent s'informer de ce qu'ils vont soumettre au regard de l'enfant. Tous les adultes ont d'abord été des enfants et il est indispensable qu'ils se fient à leurs propres impressions. Avec leur expérience, la qualité du texte, de l'image, de la musique leur est aisément repérable.

Ce qui va produire des émotions chez les parents est susceptible d'avoir la même portée chez leur enfant. Tout simplement parce que ce que nous transmettons le plus à nos enfants, ce sont des héritages émotionnels dans lesquels l'authenticité a toujours gain de cause. Il est donc inutile de se référer au groupe, au « tout le monde ». Pour bien transmettre, il faut choisir et être présent. « Les enfants reçoivent leur héritage du vivant de leurs parents », écrit Christian Bobin[1].

Utilisé de façon positive, le support télévisuel est source de discussions, d'échanges entre les générations. Comme le précise Samuel Lepastier[2], parlant de la violence de certaines images télévisuelles, qu'elles soient d'actualités ou de fiction : l'accompagnement par des adultes est d'importance. Trop souvent, les parents pensent que « parce que c'est à la maison, ça ne peut pas arriver ». Or, toujours d'après Samuel Lepastier, la violence de l'image reflétant les fantasmes du créateur est bien plus considérable que celle d'un texte lu par une personne rassurante. Les parents font d'ailleurs attention à ce qu'ils montrent à leurs enfants au cinéma, mais beaucoup moins à la télévision.

Nous retiendrons l'importance du cadre, assuré par :

— le choix des parents,

— le réel ou la fiction déformés,

— l'accompagnement,

---

1. Christian Bobin, *Tout le monde est occupé*, Mercure de France, 1999.

2. Samuel Lepastier, psychiatre au centre Alfred Binet, chargé de cours à Paris V, entretien, juillet 2000.

— le traitement des émotions.

« De façon générale, écrit Serge Tisseron, la prise en compte du cadre permet de limiter les effets d'envahissement de l'appareil psychique par l'angoisse. Dans les situations où cette angoisse est mobilisée par une image intérieure, la rattacher au souvenir d'un lieu ou d'un rêve, par exemple, permet souvent de mieux en contrôler les effets : l'angoisse se trouve en quelque sorte circonscrite par le cadre qu'on lui a donné[1]. »

Parmi les désirs liés à l'intérêt que l'enfant porte aux images, celui de « mettre du sens » est un moyen, pour lui, d'en savoir plus sur lui-même. Savoir nommer les émotions provoquées et le genre auquel elles appartiennent permet un travail de connaissance, travail de la pensée comparable à celui demandé en milieu scolaire : telle cause produit tel effet, c'est le début de la *pensée hypothético-déductive** !

Par ailleurs, dans les cas d'émotions pénibles, déclare Serge Tisseron, « l'attribution de sens constituerait une manière de gérer les états désagréables provoqués par les images violentes : le désir de mettre un sens serait un rejeton de la frustration et de l'insécurité psychique[2] ».

Utilisé comme palliatif de l'éducation ou des loisirs, l'écran magique peut donc exercer une fascination sensorielle néfaste au psychisme de l'enfant.

Le mode d'utilisation de la télévision met en cause le fonctionnement familial. Ce n'est pas à cause de la télévision que les enfants reproduisent des comportements inadéquats. C'est en raison d'un défaut de transmission, d'une absence, voire d'une démission parentale. La place éducative est prise par un objet anonyme et technique auquel on attribue abusivement des qualités humaines, qui donneraient au message une prétendue authenticité.

Informer n'est pas transmettre.

---

1. Serge Tisseron, *Enfants sous influence*, op. cit., p. 85.
2. *Id.*, *ibid.*

8

Du bon usage du dessin animé

La cassette baby-sitter

« Les gens sont bizarres, écrit Françoise Giroud dans son *Journal d'une Parisienne*. Bientôt, quand d'autres bouquets numériques de vingt ou trente chaînes chacun seront en fonction — ce qui ne saurait tarder —, ils vivront cloués dans leur fauteuil, fascinés, enchaînés, gorgés d'images en tout genre, avec de la bouillie dans la tête. C'est ce qu'on appelle le progrès. Nul doute que, techniquement, c'en est un. Mentalement, c'est un attentat contre la santé de l'esprit. »

Ce jugement, sévère et quelque peu désenchanté, a valeur de mise en garde. Lorsqu'on demande à un adulte pour quelle raison la télévision reste allumée alors que personne ne la regarde, la réponse la plus fréquente est : « J'aime bien, j'ai l'impression d'une présence. » En vertu de cette opinion de confort personnel, nombre de parents condamnent, conditionnent leurs enfants à vivre avec cette « présence », des week-ends durant.

L'action de l'image-son sur l'ambiance familiale se manifeste de plusieurs façons.

Le ton monte

L'un des membres de la famille voulant s'adresser à un autre, les sonorités qui émanent de la télévision le gênent ; pour les couvrir et s'entendre, les deux interlocuteurs doivent hausser le ton. Et, pour peu que l'un d'eux soit dans une pièce voisine, le niveau sonore atteindra une intensité si désagréable qu'il engendrera des disputes sur le thème : « Arrête de crier ! »

Tout le monde est muet

L'attirance pour ce qui est dit à la télévision domine la communication familiale — en particulier pendant les repas — et chacun se dispense ou se voit interdire de s'exprimer. Pendant que les uns se laissent accaparer par le petit écran, les autres se replient sur une activité isolée, pour ne pas déranger. De toute façon, les repas se passent dans l'indifférence. Poussée à l'extrême, cette scission devient un mode de fonctionnement familial : « Ne pas déranger ! »

On regarde sans voir

L'effet d'hypnose de la télévision ne fait aucun doute. Comme elle trône en bonne place dans la pièce principale, elle exerce déjà une attraction visuelle. Si l'écran est allumé, la fascination s'opère et il devient vite difficile d'être indifférent à ce qui s'y passe. Peu importe le contenu, l'image mouvante attire.

Les enfants sont les plus vulnérables à cet attrait. Plus ils sont jeunes et plus la magie de la boîte leur procure du plaisir.

Romain et Aurélie, quatre ans, sont des téléspectateurs assidus. L'oncle des enfants parlant à la radio, les parents demandent aux deux petits de s'installer pour l'écouter. Romain et Aurélie obéissent et se placent, pour « écouter » le transistor, face au poste, de manière à l'observer comme si une image allait en sortir…

L'image télévisuelle est si présente au quotidien qu'être auditeur, sans être spectateur, disparaît presque du vécu enfantin. Les voix, les sons ne suffisent plus à créer une présence. Si l'effet se veut rassurant, le bruit doit s'accompagner de l'image.

Cet effet rassurant ne prend pas le même sens pour l'adulte que pour l'enfant. Un adulte, lorsque le besoin d'une présence se fait sentir, est sensible à la « voix humaine ». Les enfants disent : « Quand je m'ennuie... », variante incluant la même idée que : « Je ne me suffis pas à moi-même. »

La solitude réelle ou ressentie est un facteur puissant d'audience et de location de cassettes vidéo. Combien d'adultes arrivent au bureau en disant : « Il n'y avait rien, hier à la télé ! On a regardé une émission si peu intéressante qu'on s'est endormis devant le poste. » Ces réflexions sont symptomatiques des automatismes créés par la présence à disposition du petit écran, et de la passivité qui s'installe insidieusement. De cette manière :

Ce sont les parents qui mettent les enfants devant le petit écran !

On ne peut pas dire à un enfant : « Arrête de regarder cette télé ! Va jouer au lieu de regarder n'importe quoi... » et, le lendemain, se débarrasser de lui en le plaçant devant le poste, alors qu'il s'ennuie et veut jouer avec ses parents.

« Avec la télé, écrit Albert Jacquart dans *Petite Philosophie à l'usage des non-philosophes*[1], tout nous est imposé ; nous ne pouvons qu'être passifs. Il y a information, très peu communication. »

Un enfant ne dispose par toujours des capacités nécessaires pour supporter de demeurer seul à la maison. Souvent, la télévision ou une cassette vidéo lui permettent de rester tranquille un certain temps. Tant que l'effet

1. LGF, 1999.

« contra-phobique[1] » se maintient, pas de danger ! Mais cet effet est court, chez le jeune enfant. Combien de parents se disent : « À son âge, il peut rester seul pendant une heure ou deux » ? Oui, à son âge réel — huit, neuf ou dix ans… —, mais encore faut-il prendre en compte les composantes de chacun et les secteurs du psychisme qui n'ont pu se développer. L'expérience propre ou les craintes parentales inconscientes ont pu freiner ce développement.

Prenons l'exemple d'une petite fille — ce sont le plus souvent les filles ! — qui a peur des chiens. Elle pourrait avoir neuf ans, elle est raisonnable, accepte de rester à la maison et même de garder son petit frère qui fait la sieste pendant que maman part faire des courses. C'est la première fois qu'on la laisse seule et elle s'occupe en regardant, à la télévision, un programme pour la jeunesse. Tout se passe bien jusqu'au moment où un dessin animé montre un chien courant après des enfants — ou des jouets, comme dans *Toy Story*. Elle est intelligente, raisonnable, mature mais, cependant, une angoisse irrépressible l'étreint ; une angoisse qui ne pourrait être calmée que par la présence réelle d'un adulte. Cette petite fille peut avoir des réactions insensées, que seul le réconfort d'une présence adulte rassurante pourrait calmer. Au retour de sa mère, elle sera grondée injustement. Il aurait été préférable d'organiser ce temps de loisir, de choisir avec la fillette une cassette déjà connue et qui lui procure du plaisir.

Autre exemple de situation à risque : le soir. L'obscurité est anxiogène pour la majorité des enfants, alors, la solitude en plus… Lorsque cette situation n'est pas préparée — même avec des jeunes en âge d'aller au collège —, il arrive que, saisis par la peur, les enfants aient

---

1. Un effet contra-phobique permet de lutter contre des angoisses comme la crainte des voleurs, la perte des parents, l'écroulement de la maison...

d'aberrantes conduites de fuite et qu'on les retrouve en pyjama dans la rue. Retenons :

Ceci est une cassette.
Ceci n'est pas une baby-sitter.

Le dessin animé, substitut de la présence maternelle ?

La simple tenue d'une maison peut nécessiter une courte absence et une cassette vidéo fera patienter l'enfant jusqu'au retour de sa mère. Pour que le spectacle télévisuel ne soit pas uniquement un leurre, un ersatz parental, certaines conditions doivent être remplies.

Avant

La cassette aura été choisie avec le ou les parents, vue et discutée en commun. Lorsque l'enfant la regardera seul, il se souviendra du bon moment passé avec ses parents lors du choix de la cassette. Cette réminiscence émotionnelle facilitera sa créativité, permettant une activité de pensée en l'absence des parents.

L'intérêt de cette conversation préliminaire réside dans l'évocation ultérieure d'un être cher, sécurisant, absent, venant en lieu et place de l'être réel. Elle procure à l'enfant le plaisir de fonctionner mentalement seul, tout en déjouant la frustration. Les angoisses de séparation n'ayant plus prise, l'autonomie de pensée en découle.

Après

Le retour des parents doit susciter la mise en commun du vécu de l'enfant pendant l'absence des parents. La possibilité de leur raconter, même succinctement, une « nouvelle version », c'est-à-dire une nouvelle perception et de nouvelles interrogations, permet de situer ce moment dans une continuité rassurante.

L'apprentissage de la séparation se fait de cette manière, par l'anticipation de retrouvailles, dans un moment partagé où les questions des parents, alternant avec les réponses chaque fois nouvelles des enfants, participent au maintien du lien et à la connivence entre les deux générations.

Les aspects formateurs

« Être seul, c'est réinventer le monde. »

(André Brincourt,
Les Écrivains du XXe siècle)

La solitude, à condition qu'elle soit bien tempérée, peut conférer à la cassette une fonction formatrice. Une utilisation excessive et des contenus mal adaptés provoquent l'effet inverse, c'est-à-dire une rupture relationnelle entre parents et enfants. L'enfermement dans un monde sans imaginaire personnel et l'absorption massive du « tout fait » contribuent à l'inadaptation à la réalité.

L'intérêt du dessin animé consiste, en premier lieu, à réunir sur un même support une technologie avancée inaccessible à l'enfant, dont l'étrangeté le fascine, et un matériel qui fait partie de son quotidien : le dessin ou la pâte à modeler. Le dessin animé est proche du rêve et proche du jeu.

Lorsqu'on écoute un enfant raconter ses rêves, les personnages, outre les membres de sa famille et les copains, sont le plus souvent les jouets et les figures mythiques. Il n'est pas rare que les poupées et les cow-boys du coffre à jouets s'animent et que les monstres et les loups fassent effraction dans le scénario du rêve.

Quand l'enfant joue avec ses poupées ou ses soldats, il leur donne vie. Quand il dessine, s'il ne recopie pas une illustration, il construit un scénario imaginaire.

Quand il joue avec ses camarades en distribuant des rôles, les « alors je serais… » fusent, signant l'entrée dans le monde imaginaire. Cet espace de jeu fait partie du monde symbolique qui permet de remplacer un objet réel par une représentation qui le signifie.

Dans la mesure où les images ont pris un sens, qu'elles ne sont pas réduites à combler l'ennui mais impliquent, comme dans le jeu, la présence du plaisir de penser, alors on peut dire que le dessin animé joue son rôle de « passeur de vie ».

Si l'enfant joue avec les images, c'est qu'il existe une distance, un espace-temps suffisant entre lui et elles, sinon il « s'aliène » à l'écran. Voir un dessin animé en salle comporte les avantages de l'accompagnement par un adulte, d'un moment privilégié, choisi : la « fête » est inhérente au déplacement, c'est un choix. Si la cassette ou le programme du petit écran sont réservés à des moments privilégiés, la magie de l'image agira.

Lorsque la fiction soumise à l'enfant ne l'empêche pas de faire son « travail d'enfant », elle ne peut pas être mauvaise.

En se créant progressivement un bagage de symboles utilisables à la fois dans la découverte de soi et dans la relation aux autres, l'être humain maintient sa créativité et vit avec l'idée que « la vie vaut la peine d'être vécue[1] ».

1. Donald Winnicott, *Jeu et réalité. L'Espace potentiel*, Gallimard, 1971.

Conclusion

> *« L'image est péremptoire, elle a toujours le dernier mot : aucune connaissance ne peut la contredire, l'aménager, la subtiliser. »*
>
> (Roland Barthes)

Au terme de cet ouvrage, et plus de cent ans après la découverte, presque simultanée, de l'animation des dessins par Émile Reynaud, avec ses pantomimes lumineuses (1892), — et de la psychanalyse par Sigmund Freud, avec la science des rêves (1899), l'importance des images, sur la scène publique comme sur la scène privée, n'a rien perdu de son actualité.

Qu'ils se fondent sur la « vraie vie » comme chez Walt Disney ou naissent de l'imaginaire de leur créateur comme chez Michel Ocelot, les dessins animés restent un support privilégié des fictions pour enfants.

Pour les parents, le choix n'est pas toujours facile, car leur forme et leur contenu, nous l'avons vu, ne sont pas sans influence sur le psychisme des enfants. Tenir compte du développement et de la sensibilité de son propre enfant, au-delà des normes, est le préalable nécessaire à toute sélection. Le rôle des parents et des éducateurs est donc primordial, et la cassette baby-sitter, forme passive de la présence maternelle, doit être exclue.

Le dessin animé idéal, que l'on peut voir en famille et procurant du plaisir à tous, répond à des critères de contenu et de forme négligés par nombre de réalisateurs. Il est perçu par les enfants comme un support imaginaire, tenant à la fois de l'objet et du rêve. Il appartient au domaine du vrai et de l'illusion et, en ce sens, peut être source de déstabilisation.

La difficulté à se repérer dans le monde des images est exacerbée lorsqu'on entre dans le virtuel, nouvelle sorte de dessin animé. Quand, sur l'écran de son ordinateur, l'enfant devient lui-même l'auteur des faits et gestes des personnages, l'illusion redouble.

Le dessin, à l'aide du papier et des crayons, porteur de l'imaginaire de l'enfant, est chargé de transcrire l'histoire que celui-ci crée en pensée ou avec des mots, donc d'une façon symbolique. Qu'ils soient pour adultes ou pour enfants, les dessins qui bougent, eux, mettent en scène ce qui est souhaité par leur créateur. La toute-puissance engagée dans cette activité répond au désir d'être le « maître du monde ». Le jeu devient vite fascinant et exerce un véritable pouvoir sur les jeunes esprits.

L'image sous toutes ses formes n'est donc pas un outil inoffensif. L'influence qu'elle exerce sur l'esprit peut aller du meilleur au pire ; elle exige que son créateur tienne compte de ses propres caractéristiques et de celles du public à qui elle est destinée.

Par ailleurs, si certaines caractéristiques appartiennent aux groupes — âge réel, connaissances, milieu… —, on ne peut faire l'impasse sur celles qui appartiennent en propre à l'individu : histoire personnelle, sensibilité, sociabilité…

Pour appuyer notre propos, nous suggérons aux « grandes personnes » de faire appel à l'enfant qui est en eux, souvent plus proche qu'il n'y paraît, pour faire leur sélection : « J'écris, disait Georges Bernanos, pour me justifier aux yeux de l'enfant que je fus. »

Être à l'écoute de soi-même, de ses émotions, est le meilleur garant d'une transmission réussie.

22 dessins animés au banc d'essai

LES 101 DALMATIENS ***(Clyde Geronimi et Hamilton Luske, 1961, Walt Disney Production)***	
Public	À partir de 4 ans.
Contenu manifeste	Le dalmatien Pongo et son maître Roger, un musicien célibataire, vivent à Londres. Pongo trouve sa vie bien monotone et décide d'aider son maître à former un couple. Il choisit la future épouse en fonction de sa chienne. Il va ainsi lui-même former un couple avec Perdita, une élégante dalmatienne. Ils auront ensemble quinze chiots, dont la méchante Cruella, une créature perfide, décidera de se faire un manteau en les ajoutant aux quatre-vingt-quatre autres qu'elle a déjà kidnappés. Pongo et Perdita feront appel à tous leurs amis pour sauver leur progéniture. Ils réussiront et ramèneront, après maintes émotions, tous les chiots chez leurs maîtres.
Contenu latent	D'emblée, la parole est donnée aux animaux qui discutent entre eux comme des humains, prennent des décisions et inversent les rôles en appelant leurs maîtres : fidèles compagnons. Les parents chiens ont un comportement affectueux, protecteur et éducatif, propre à celui des « bons parents ». Les chiots ont des caractères suffisamment repérables pour qu'ils puissent être bien différenciés. Les parents appliquent à la fois une règle commune à la fratrie et des traitements particuliers à chacun. Les relations dans la famille montrent nettement les quatre registres (famille, couple, fratrie, individu) permettant aux jeunes spectateurs de retrouver des points communs et des questionnements sur leur vécu propre. L'autorité bienveillante du père associée à la sollicitude de la mère favorisent le climat de confiance et assurent la réussite du sauvetage des chiots. Le déplacement dans le monde animal d'angoisses catastrophiques de l'enfance (abandon, séparation, mort) rend le spectacle supportable pour de jeunes enfants et permet une discussion avec eux suffisamment « à distance » pour évacuer l'angoisse.
Notre avis	Cruella, sorcière moderne, est tellement caricaturale et entourée de deux acolytes si stupides que la crainte qu'ils inspirent est vite remplacée par le rire. *Les 101 Dalmatiens* présentent l'avantage de proposer une ambiance familiale, à laquelle les spectateurs pourront adhérer quel que soit leur âge, en s'identifiant, suivant leur âge, aux jeunes chiots, à leurs parents ou aux maîtres qui peuvent être perçus comme des équivalents de grands-parents par leur bienveillance et leur disponibilité. La solidarité entre les générations et des images parentales fiables justifient le visionnage par des enfants jeunes ou/et craignant les séparations.

ALADDIN ***(Ron Clements et John Musher, 1992, Walt Disney Production)***	
Public	De 8 à 12 ans.
Contenu manifeste	Aladdin, accompagné de son fidèle singe Abou, vit dans la rue et se nourrit en chapardant sur les marchés. Sa pauvreté ne l'empêche pas d'être généreux et courageux, et c'est ainsi qu'il sauvera la princesse Jasmine, qui s'est enfuie du palais royal pour ne pas épouser le malfaisant vizir Jafar. Après maintes mésaventures, Aladdin va se retrouver en possession d'une lampe magique que Jafar essaiera de lui ravir pour obtenir le pouvoir. Aladdin, lui, se servira de la lampe pour retrouver et épouser Jasmine.
Contenu latent	Repris d'un conte des *Mille et Une Nuits*, *Aladin ou la lampe merveilleuse*, il permet de décrire le parcours initiatique et les épreuves à affronter pour obtenir ce que l'on souhaite. Les valeurs morales, telles que le courage, l'honnêteté, la générosité sont valorisées face aux attitudes sournoises, cupides et aux ambitions sans scrupules. Ce sont la sincérité et les sentiments qui triomphent. Comme dans les contes de Grimm, Aladdin propose une version orientale du héros valeureux qui, sans être prince, sera reconnu pour sa valeur humaine.
Notre avis	Présenté sous la forme d'une comédie musicale moderne, avec un langage peu châtié – du registre de celui des cours d'école –, ce dessin animé s'adresse plutôt aux grands enfants et aux préadolescents. Par ailleurs, la rivalité entre le méchant vizir et le jeune homme est essentiellement d'ordre amoureux et relative à la prise de pouvoir. Le très jeune public ne trouvera donc pas de terrain d'identification. Les idées féministes mises en avant par la princesse peuvent être la base d'une discussion en famille. Il est regrettable que le sultan, père de la princesse, soit présenté comme ridicule et incapable de décider.

BABAR ***(Alan Bunce, 1989, Laurent de Brunhoff series-Nelvana Limited)***	
Public	De 4 à 8 ans.
Contenu manifeste	Les cassettes de *Babar* sont constituées de petits récits indépendants les uns des autres qui, outre les aventures du célèbre éléphant, proposent une conclusion morale et éducative. Ainsi, dans la cassette n° 7, l'épisode intitulé *Le Fantôme* raconte la rencontre de Babar avec un musicien enfermé dans un opéra en ruine. Malgré ses frayeurs, Babar reste convaincu qu'il doit aider le musicien-fantôme à sortir au grand jour, ce à quoi il parviendra, provoquant un *happy end* : les retrouvailles avec la vieille dame, ancienne fiancée de l'organiste.
Contenu latent	Comme toutes les cassettes de *Babar*, celle-ci met en scène la transmission familiale. L'histoire est racontée par le père, comme un *flash-back* faisant appel à ses souvenirs d'enfance. Ici, des thèmes comme la désobéissance, la culpabilité, la honte et le courage sont abordés avant que ne soit formulée la morale finale : « Il faut toujours apporter son aide quand quelqu'un la sollicite. »
Notre avis	Le monde de Babar est fort éloigné de celui de nos petits contemporains. Le risque de tomber dans un discours moralisateur excessif est assez présent pour que l'on préfère partir de ce que l'enfant a retenu de l'histoire pour en discuter avec lui.

BAMBI ***(David Hand, 1942, Walt Disney Production)***	
Public	À partir de 3 ans.
Contenu manifeste	Bambi est le fils du roi de la forêt : le cerf. Il est essentiellement élevé par sa mère et découvre le monde grâce à ses compagnons (lapins, oiseaux...). Il est ami avec une petite biche de son âge qu'il oublie en grandissant. Alors qu'il commence à être autonome, sa mère est tuée par des chasseurs et son père, qui jusque-là était admiré de loin par Bambi, prend l'éducation du jeune cerf en main. En grandissant, Bambi apprend la vie (le cycle des saisons, des naissances). Il retrouve son amie d'enfance, combat pour la défendre. Ils auront ensemble un petit et Bambi se comportera en père.
Contenu latent	Toute l'histoire est construite sur le thème des cycles (les saisons, la naissance, la vie, la mort, la veille et le sommeil). La succession des générations est nette et les identifications aux aînés très positives. La connaissance, qui passe par la découverte et l'apprentissage, est montrée comme nécessitant des efforts. Le plaisir associé à la réussite est clairement signifié. L'amitié, le respect, la découverte de soi et des autres sont abordés de façon simple à travers des animaux proches des enfants.
Notre avis	Plus qu'un divertissement, Bambi propose un support de questionnements concernant les grands événements de la vie. L'abord en est suffisamment doux pour que tous les enfants puissent le voir.

LA BELLE ET LE CLOCHARD *(Clyde Geronimi et Wilfred Jackson, 1955, Walt Disney Production)*	
Public	À partir de 5 ans.
Contenu manifeste	Lady, jeune chiot, fait ses premiers apprentissages chez un couple des beaux quartiers qui va bientôt avoir un bébé. Lors de l'absence de ses maîtres, le temps d'un week-end, la tante Sarah viendra, accompagnée de ses chats, garder bébé et chien. Le rejet de la tante amène Lady à découvrir la vie de la rue, à rencontrer le monde des chiens pauvres, à connaître la fourrière, mais aussi à rencontrer l'amour d'un chien voyou. L'histoire finira par un « mariage » et par une nouvelle vie familiale chez les maîtres de Lady.
Contenu latent	La tolérance et la différence sont les maîtres mots de ce film. Par ailleurs, les expériences et les erreurs de l'enfance sont valorisées afin de montrer combien elles mènent à une vie adulte harmonieuse. Les relations fondées sur la confiance, la complicité et la fidélité sont mises en valeur, au détriment des rivalités fondées sur l'apparence et les idées préconçues.
Notre avis	Un Walt Disney éternel mettant en valeur la découverte du monde extérieur, malgré ses dangers. Encourage à grandir et à se faire confiance.

BERNARD ET BIANCA ***(John Lounsbery et Wolfgang Reitherman, 1977, Walt Disney Production)***	
Public	5/6 ans, après la crise œdipienne.
Contenu manifeste	Lors d'un congrès « humanitaire » réunissant des souris du monde entier dans les sous-sols de New York, deux d'entre elles (Bernard et Bianca) se portent volontaires pour sauver la petite Penny qui a envoyé un message de détresse. Celle-ci est séquestrée par la méchante Médusa qui l'a kidnappée dans un orphelinat. Médusa convoite un diamant accessible uniquement par quelqu'un de petite taille. Bernard et Bianca déjoueront les ruses et arracheront Penny à la méchante femme. Penny sera finalement adoptée, et quittera l'orphelinat.
Contenu latent	La solitude, l'impuissance, mais aussi l'espoir sont traités tout au long du film. Le bien finit toujours par triompher, et ce ne sont pas forcément les plus forts qui gagnent. Médusa représente la mauvaise mère, cupide et terrifiante, prête à tout, même à sacrifier un enfant. Elle traite le seul homme de l'histoire comme un bon à rien, dévalorisant ainsi l'image masculine.
Notre avis	Le graphisme, les petits animaux et le jeune âge de l'héroïne portent à croire que le dessin animé s'adresse aux plus jeunes. En fait, il peut réveiller des angoisses d'abandon difficilement gérables, surtout au moment du coucher. La disqualification des adultes et l'agressivité génèrent une inquiétude dont le soulagement tarde à venir. La forme « aventure » proposée ressemble plus à un scénario pour adolescent qui aurait été transposé dans un contexte pour jeunes enfants. À sélectionner avec soin en fonction de l'émotivité des enfants.

DIGIMON « RIEN NE POURRA LES ARRÊTER » *(Manoru et Minoru Hosada, 2001, TF1 Vidéo)*	
Public	Aucun, car déconseillé.
Contenu manifeste	Proposé sous la forme d'un feuilleton, *Digimon* se rapproche de son rival direct *Pokémon*. La différence se situe dans la capacité à « se digivolver », c'est-à-dire à se transformer en force du bien. Les monstres en présence représentent le bien et le mal, la puissance étant représentée par les zones noires dans le corps des monstres. Les enfants, en bandes de filles et de garçons, représentent les humains dans le monde digital. Ils ont une forme particulière et devront sauver une île.
Contenu latent	L'opposition du bien et du mal est en filigrane dans les différents épisodes. Par ailleurs, les Digimon semblent vouloir favoriser la familiarisation avec le monde du multimédia, la terminologie de l'informatique étant largement utilisée dans les dialogues, ainsi que le raccourcissement du temps et de l'espace.
Notre avis	Favorisant les chutes vertigineuses et les impacts visuels agressifs, *Digimon* provoque une excitation plutôt qu'un intérêt réel pour l'histoire. Par ailleurs, le discours disqualifiant vis-à-vis d'un personnage féminin superficiel et attaché à l'apparence est insistant et ridicule. L'âge des personnages est mal défini et contribue à proposer aux spectateurs une toute-puissance douteuse.

DRAGON BALL Z *(Daisuke Nishio, 1989, TF1 Entreprises)*	
Public	Très fortement déconseillé, car interdit de diffusion par le CSA.
Contenu manifeste	Film d'animation japonais, type manga, les dessins animés *Dragon Ball Z* racontent des récits fantastiques ayant pour thème la conquête de planètes, avec force batailles entre sociétés guerrières rivales.
Contenu latent	*Dragon Ball Z* véhicule la supériorité de la force sur les sentiments. Détruire et séparer sont proposés comme moyen d'obtenir ce que l'on souhaite. Tout cela est présenté avec des images chocs donnant l'impression, par les gros plans de face, qu'elles vont sortir de l'écran. L'accompagnement musical et les bruitages renforcent le climat inquiétant.
Notre avis	Bien que ces films soient toujours en vente (à des prix très bas, qui plus est !), il convient de s'abstenir d'acheter ce type de cassette.

FANTASIA

(James Algar et Samuel Armstrong, 1940, Walt Disney Production)
(James Algar et Gaëten Brizzi, 2000, Walt Disney Production)

Public	À partir de 7 ans (surtout pour les mélomanes).
Contenu manifeste	Le film de 1940 propose des extraits de huit morceaux de musique classique, illustrés majoritairement par des images de synthèse représentant la nature. La présentation des œuvres orchestrales est falte par le chef d'orchestre de manière très pédagogique. Les effets d'animation, aussi bien purement décoratifs que figuratifs, sont assez spectaculaires. Des hippopotames dansent la ronde des heures et on retrouve Mickey en train de jouer à l'apprenti sorcier. *Fantasia 2000* reprend trois anciens morceaux de la version de 1940, auxquels s'ajoutent six nouveaux extraits. Animation traditionnelle et imagerie numérique sont associées.
Contenu latent	Le rythme, les symboles, la féerie de la musique et les représentations visuelles liées à la perception sonore constituent l'essentiel de ce qui est transmis dans ces deux films. Ils sont essentiellement esthétiques et pédagogiques et sont destinés à favoriser la créativité des spectateurs.
Notre avls	Principalement utilisés dans les établissements scolaires, ces deux films peuvent aussi favoriser la circulation de l'imaginaire familial en stimulant les productions graphiques et gestuelles de chacun des membres de la famillo. À visionner les soirs d'hiver ou les jours de pluie !

KIRIKOU ET LA SORCIÈRE ***(Michel Ocelot, 1998, France Télévision Distribution)***	
Public	À partir de 3 ans.
Contenu manifeste	Dans un village africain, un bébé naît. Il sait déjà parler, marcher, penser, au grand étonnement de sa mère et de tout le village. Il apprend que son père, comme presque tous les hommes du village, a été dévoré par la sorcière qui a également tari la source du village. Kirikou décide d'aller à l'encontre de ce que tout le monde vit comme une fatalité et de trouver une solution à ces maléfices. Sa mère lui suggère de prendre conseil auprès de son grand-père. Celui-ci vit dans un lieu éloigné et difficile à atteindre, car se trouvant au-delà du territoire de la sorcière, réputé comme impossible à traverser. Kirikou, aidé par sa mère, son grand-père, et usant de sa réflexion, réussira à tromper la vigilance de la sorcière, à déjouer ses pièges, à remettre la source en fonction et à libérer les hommes, en fait robotisés par la sorcière. Il libérera la « méchante » sorcière de sa haine en la transformant en un être « bon », dont il fera sa femme.
Contenu latent	Kirikou met en scène tous les âges de la vie. Le questionnement, comme façon d'exister, est au premier plan et est précurseur de l'expérience qui donne confiance en soi. Le monde est représenté comme complexe et non manichéen. L'espoir de changement, grâce à la créativité individuelle, est justifié et met à mal la passivité et la soumission. Le monde extérieur, bien que difficile à aborder, n'est pas représenté comme uniquement dangereux. De plus, l'envie de grandir est exprimée dès les premières images. C'est l'incompréhensible qui permet de se réaliser et non pas l'hyper-protection ou ce qui est acquis.
Notre avis	Les adultes comme les enfants se retrouvent dans ce conte qui renvoie à la dynamique des contes merveilleux, avec une situation de départ qui pose d'emblée l'imaginaire des épreuves à subir par un héros auquel il est facile de s'identifier. Les sentiments y sont clairement exprimés à travers des questionnements à haute voix, « porte-parole » des ressentis de tout un chacun. La qualité exceptionnelle des images, de la musique et des dialogues fait de ce film d'animation une réussite esthétique à laquelle s'ajoutent des vertus éducatives indéniables. À voir et à revoir sans réserve.

MULAN *(Tony Bancroft et Barry Cook, 1998, Walt Disney Production)*	
Public	De 8 à 12 ans.
Contenu manifeste	En Chine, pendant la guerre avec les Huns, l'empereur enrôle dans l'armée un homme par famille. Mulan est le seul enfant de la famille Fa. C'est une jeune fille. Son père, malade, devra donc partir. Mulan décide de le remplacer en se faisant passer pour un garçon. Blessée, elle verra sa supercherie découverte. Elle aura auparavant accompli des exploits qui permettront à l'armée chinoise de vaincre les Huns. Une histoire d'amour se nouera entre elle et le capitaine de l'armée.
Contenu latent	La tonalité est plutôt féministe ; pas besoin d'être un garçon pour battre un adversaire. L'intelligence compense la force. Mulan est un « garçon manqué » qui trouve comment se réaliser dans le combat, mais n'en deviendra pas moins une femme quand le temps en sera venu pour elle. La relation père/fille, très œdipienne, est présentée dans son double versant. L'affection de l'un pour l'autre ne vient cependant pas empêcher l'amour de la jeune fille pour un « fiancé » de son choix. Les esprits-ancêtres influents montrent bien l'appartenance à une famille.
Notre avis	Très joli récit, simple par son intrigue empruntée aux histoires des grands classiques. Par ailleurs, le déplacement géographique en Chine favorise la rêverie et l'étonnement. La présence du grillon et du dragon, protégeant Mulan et ayant des rapports conflictuels, divertit et plaît aux plus jeunes, surtout lors des scènes angoissantes. Leur côté bébête ne semblait pourtant pas indispensable. Les intermèdes chantés, style comédie musicale, font un peu « remplissage » et semblent destinés à attirer un public d'adolescentes.

PETER PAN *(Clyde Geronimi et Wilfred Jackson, 1953, Walt Disney Production)*	
Public	De 5 ans à l'adolescence.
Contenu manifeste	Wendy, Pierre et Michel doivent rester seuls à la maison pendant que leurs parents se rendent à une soirée. Wendy, préadolescente, est rêveuse et parle à ses parents d'un certain Peter Pan qui vient la voir la nuit. Son père, personnage colérique, signifie à sa douce épouse que Wendy devra désormais dormir dans une chambre séparée des garçons. Pendant cette soirée, la rêverie entraînera les trois enfants dans les airs par l'intermédiaire de Peter Pan, qui viendra les chercher et leur fera partager ses aventures. Wendy, éprise de Peter Pan, connaîtra par ailleurs les joies et les tourments des relations sentimentales. Au retour des parents, Wendy, seule encore éveillée, racontera avec poésie le trajet qu'elle vient de parcourir.
Contenu latent	*Peter Pan* propose la rencontre avec le rêve. L'opposition aux parents se fait sur le mode imaginaire au travers du jeu héroïque et de la rêverie sentimentale. L'ambivalence des enfants en proie au désir de grandir tout en voulant rester petits est décrite à travers les dialogues des différents personnages. Le monde des adultes, représenté par le capitaine Crochet et les Indiens, est assez terrifiant et ne permet pas de réelle identification. Le souhait d'être libre, de s'échapper des obligations « terrestres », est traduit par la possibilité de se déplacer en volant. *Peter Pan* est la mise en images de l'idéal, du magique, du rêve réalisé.
Notre avis	C'est le dessin animé de Walt Disney qui a fait connaître universellement l'histoire écrite par James Barrie. Le déroulement narratif est satisfaisant. Le comique et l'inquiétant sont suffisamment bien dosés et associés à une vision poétique du réalisateur. Les enfants d'âge scolaire y retrouvent, en plus enivrants, leurs jeux de cours d'école, et leurs premières amitiés amoureuses. *Peter Pan* est un moment récréatif pour toute la famille, ouvrant la discussion sur les rêves d'enfance des parents.

PINGU ET SA FAMILLE *(Trickfilm Studio, 1992, BMG)*	
Public	À partir de 2 ans.
Contenu manifeste	Neuf mini-films d'animation de six minutes pour les plus jeunes. Pingu, petit pingouin de l'Antarctique, vit dans un igloo avec ses parents. Les dialogues se font sous la forme de bruitages donnant, par leur rythme et leur tonalité, l'atmosphère ambiante. Ce sont des situations de la vie quotidienne qui sont proposées (manger proprement, aller se coucher, travailler avec papa...). Les rôles et places des différents membres de la famille sont bien définis.
Contenu latent	À vocation éducative, ces petits films montrent des situations de la vie quotidienne en proposant des solutions aux conflits familiaux ou aux apprentissages difficiles.
Notre avis	Agréables, divertissantes et formatrices, ces cassettes peuvent être vues par les plus jeunes et permettent un prolongement par le jeu.

POCAHONTAS ***(Mike Gabriel et Erik Goldberg, 1995, Walt Disney Production)***	
Public	À partir de 8 ans.
Contenu manifeste	Un trois-mâts anglais part à la découverte du Nouveau Monde. L'équipage débarque sur une terre indienne où le capitaine pense découvrir de l'or. Les Indiens qui y vivent reviennent d'un combat avec une autre tribu. La fille du grand chef est une sauvageonne qui parcourt la forêt et les rivières à son gré. Son père souhaite la marier avec un valeureux guerrier, mais elle rencontre un des marins dont elle tombe amoureuse. Ils essayeront tous les deux d'éviter la guerre. Leur séparation à la fin du film laisse entendre des retrouvailles possibles.
Contenu latent	C'est le thème de la différence, de l'étranger, qui est ici traité sur les modes de la haine et de l'amour. La cupidité et le profit mais aussi la nécessité de se défendre engendrent la violence, alors que l'amour entre deux êtres atténue les rivalités. La vie proche de la nature favorise l'authenticité des rencontres. Pocahontas véhicule une vision romantique du monde : rêverie, paysages grandioses, amour partagé mais impossible en sont les grands thèmes.
Notre avis	Le thème du « bon sauvage » est ici encore repris. Il présente le danger, sous prétexte d'être humaniste, de produire l'effet inverse et d'engendrer un discours accentuant les différences. Il peut cependant être une bonne base de discussion avec les plus grands sur le thème : « être soi-même ».

POKÉMON 2 « LE POUVOIR EST EN TOI » *(Kunhiko Yuyama et Michael Haijney, 2000, 4 kids entertainment)*	
Public	Aucun, car déconseillé.
Contenu manifeste	Succession de poursuites entre bandes rivales d'une part, et un personnage fantastique de l'autre, afin de récupérer trois Pokémon représentant le feu, la glace et la foudre. Sur fond de vague message écologiste, dans un univers opposant le métallique au naturel, les catastrophes climatiques s'enchaînent. Les enfants réussiront à rétablir *in extremis* l'équilibre vital préservant la vie. Un passage sur une île déserte, où les indigènes ne sont en fait que des amis déguisés, permettra de faire référence à la tradition et de donner une dimension historique à l'épisode.
Contenu latent	En faisant un grand effort, on peut comprendre que le message contenu dans ce film a pour slogan : sauvons la Terre. La sécurité et le danger alternent, maintenant une tension importante qui nécessite une solution. Seul « l'élu » sera capable de sauver le monde. N'est pas élu qui veut : c'est un statut qu'il faut gagner par des actes valeureux, qui vaudront au personnage la reconnaissance de sa mère.
Notre avis	Comme dans les séries ou les courts-métrages *Pokémon*, la lisibilité du film est relative et présente une suite d'événements aux liens plaqués. Se voulant consensuel, ce film propose à la fois du bien-être et du danger, du fantastique et du naturel, de la liberté et de l'emprisonnement. L'arrivée de la mère de Sacha, à la fin, qui lui dit qu'il est son héros à elle, provoque un brutal retour sur terre, à la limite des relations incestueuses. Tout dans ce film joue sur l'ambiguïté, et ce d'autant plus que les personnages eux-mêmes ne sont pas classables dans une tranche d'âge. C'est un film qui provoque une excitation difficilement maîtrisable s'il n'a pas amené auparavant une déconcentration qui aura fait abandonner le visionnage.

PRINCES ET PRINCESSES ***(Michel Ocelot, 1999, France Télévision Distribution)***	
Public	À partir de 5 ans.
Contenu manifeste	Six courtes histoires en ombres chinoises, inventées par des enfants (un garçon et une fille) qui sont aidés par un vieux projectionniste. Les six histoires, jouées par les enfants eux-mêmes, sont élaborées dans leurs grandes lignes avant d'être projetées sur un écran, selon le même procédé que les enfants qui « inventent des spectacles ». Ces histoires nous transportent dans le temps et l'espace, mettent en scène des bons et des méchants, présentent des épreuves à résoudre. Toutes les histoires se terminent de façon positive avec la victoire du bien sur le mal. Au milieu de la cassette, une pause d'une minute est accordée pour permettre aux enfants de discuter.
Contenu latent	La différence de générations est posée d'emblée avec la présence du projectionniste/grand-père, qui donne aux enfants les outils pour mettre en scène leur imagination. Les contenus des différents contes sont du même ordre que les contes traditionnels : les petits peuvent être plus forts que les grands. Les méchants ne triomphent pas forcément et peuvent devenir gentils. L'amour est plus fort que la haine... Les six contes privilégient les grandes valeurs (esthétique, morale, affective...).
Notre avis	Ces contes ont un effet apaisant et peuvent être vus avant avant le coucher. La simplicité du rapport personnages/fond (noir/couleurs) favorise la rêverie. Ils peuvent être vus séparément, ce qui limite le temps de visionnage. Les qualités esthétiques et les thèmes satisfont les adultes aussi bien que les enfants. La mixité des personnages favorise l'identification aux héros.

LE ROI ET L'OISEAU *(Paul Grimault, 1979, Paul Grimault les films-Gibé Antenne 2)*	
Public	À partir de 4 ans.
Contenu manifeste	Un roi tyrannique et imbu de lui-même terrorise son royaume. Il déteste les oiseaux et les chasse dès que l'envie lui en prend. Des représentations sculptées et peintes du monarque mégalomaniaque envahissent le palais. Un jour, il se montre ému par le portrait d'une jolie bergère, qui jouxte celui d'un ramoneur qu'il méprise. Il ira se coucher en pensant à la jeune fille et, dans son rêve, les tableaux s'animeront au point que, bientôt, on aura oublié qu'il s'agit d'un rêve : la bergère et le ramoneur s'aiment et tentent d'échapper, avec l'aide de l'oiseau, aux persécutions du roi. Emprisonnés, ils seront sauvés *in extremis*, malgré la mise en œuvre par le roi d'un robot tout-puissant qui, à la fin, semble sortir du domaine du rêve et écrasera l'oisillon imprudent.
Contenu latent	Sous une apparence très poétique, ce dessin animé nous livre un message assez brutal : ne confondez pas le rêve et la réalité. Le mélange des genres, naturaliste et fantastique, met ce dessin animé dans la droite ligne des surréalistes. L'amour prend une place importante, ainsi que la dimension onirique. Le lieu, peu définissable (sauf l'épisode de Venise), permet de donner une dimension universelle à l'histoire. La liaison émotions/représentations est recherchée et favorisée par des espaces architecturaux dignes de Giorgio de Chirico ou Salvador Dalí.
Notre avis	Chef-d'œuvre de collaboration entre P. Grimault, J. Prévert et J. Kosma, *Le Roi et l'oiseau* propose d'entrer dans le monde du fantastique, tout en faisant appel à des émotions propres à tout être humain. La simplicité du graphisme et des dialogues en fait un film visible par tous.

LE ROI LION *(Roger Allers et Rob Minkoff, 1994, Walt Disney Production)*	
Public	À partir de 4 ans.
Contenu manifeste	Dans la savane, Mufasa, le roi des animaux, a un fils, Simba. Cette naissance désespère Scar, le frère du roi qui, jaloux de Mufasa, comptait bien devenir l'héritier du trône. Il intrigue avec les hyènes et provoque une scène de panique dans laquelle le roi trouve la mort. Il arrive à convaincre Simba que celui-ci est responsable de la mort de son père. Le lionceau s'exile et Scar s'empare du royaume. Simba, sauvé de la mort par une mangouste et un phacochère, puis rejoint par son amie d'enfance, Nala, reprendra sa place de roi, aidé par le vieux sage, un babouin, et justice sera faite.
Contenu latent	*Le Roi Lion* contient tous les symboles du complexe d'Œdipe chez le garçon : le père fort et puissant, idéalisé, la mère affectueuse, le souhait de mort du père déplacé sur l'oncle Scar et la rivalité fraternelle, l'éloignement puis le retour, avec le dépassement de la culpabilité. Ainsi, l'inscription dans l'ordre des générations est-elle possible en donnant naissance à une descendance. Le père est présenté comme porteur de la loi et comme initiateur. L'échange avec son fils passe par la parole et sa sagesse est figurée par la présence du vieux singe.
Notre avis	Ce dessin animé est assez proche de *Bambi* dans sa façon d'aborder le déroulement de la vie. Cependant, il en diffère par la nature bien plus violente des animaux, la transmission qui est faite, essentiellement par le père, et la confrontation du bien et du mal. La culpabilité, l'ambivalence amour/haine, la rivalité, sont des préoccupations qui concernent des spectateurs plus matures que ceux de *Bambi*. L'atmosphère africaine du film est très réaliste et joue un rôle documentaire pour les plus grands. La question du cannibalisme peut être abordée à travers ce dessin animé.

LES TÉLÉTUBBIES *(Vic Finch et David Hiller, 1997, BBC Production)*	
Public	De 1 à 3 ans.
Contenu manifeste	Mini-films d'animation où quatre personnages tenant à la fois du bébé et du martien évoluent dans un univers artificiel et proche de celui des enfants. Leur petite taille, leurs rondeurs ainsi que leurs mouvements malhabiles en font presque des petits humains. Leur antenne sur la tête et leur écran de télévision sur le ventre les placent du côté des extraterrestres. La peluche dont ils sont revêtus les rapproche des « doudous ». Les mini-films dans lesquels ils évoluent sont principalement centrés sur la découverte du monde environnant.
Contenu latent	L'identification aux petits personnages a pour but de donner un modèle d'appréhension des relations aux autres et aux objets. C'est l'expérience, au sens piagétien, qui permet de donner du sens et d'avoir une compréhension aussi bien des actions que des mots et des émotions. Le côté répétitif, qui peut paraître fastidieux aux adultes, est jubilatoire pour les enfants, leur permettant une anticipation qui favorise l'apprentissage. C'est l'apprentissage dans la bonne humeur et le dépassement des craintes qui sont le prétexte de ces films.
Notre avis	À la fois ludiques et éducatives, ces petites histoires sont destinées aux très jeunes enfants et peuvent être visionnées à de nombreuses reprises, les enfants découvrant de nouvelles situations et de nouveaux indices de compréhension à chaque visionnage. Les cassettes diffusées en kiosque présentent l'avantage d'être accompagnées d'un livret qui permet de retrouver les situations « sur papier », à utiliser dans un moment de partage parent/enfant.

LE TOMBEAU DES LUCIOLES *(Isao Takahata, 1988)*	
Public	À partir de 10 ans.
Contenu manifeste	Pendant le bombardement du Japon par les Américains, Seita, 14 ans, tente de survivre en protégeant sa petite sœur Setsuko, âgée de 4 ans. Au-delà des bombardements et de la famine que subissent les deux enfants, les moments de jeu dans la nature (en particulier avec les lucioles) allègent la tragédie qu'ils vivent. Cependant, Setsuko tombera malade et, malgré les efforts de son frère, ne survivra pas.
Contenu latent	Dans un contexte dramatique et un environnement détruit, les sentiments fraternels sont exacerbés, l'aîné prenant le rôle de substitut parental. Les émotions sont au premier plan, ainsi que l'innocence, représentée par la petite fille, et la maturité, par le grand frère. La volonté et le courage du jeune homme ne suffisent cependant pas à avoir raison de la folie guerrière. Malgré des instants d'insouciance, lors de pauses dans la nature reflétant la fugacité de l'enfance et de ses joies, les émotions dramatiques envahissent le scénario. La mort et le danger imminent sont sans cesse suggérés, comme pour empêcher symboliquement le refuge dans une enfance sans fin.
Notre avis	Dessin animé tragique à réserver aux grands enfants et aux adultes. La mort en tant que phénomène irréversible n'étant pas acquise avant l'âge de 9 ans, le visionnage avant cet âge peut être effrayant, voire traumatisant. D'autre part, les enfants ayant vécu des guerres risquent d'être particulièrement fragilisés par la similitude des situations et des émotions ressenties. Ce film, plus qu'un autre, nécessite un accompagnement par un adulte.

LES TROIS PETITS COCHONS *(Burt Gilett, 1933, Walt Disney Production Anson Dyer, 1918, Warner Pierre François et Gerda Müller, 1993, Père Castor)*	
Public	De 4 à 7 ans.
Contenu manifeste	Les trois réalisateurs ont repris l'histoire classique des trois frères cochons. Deux sont insouciants et un raisonnable. Ils construisent chacun leur maison. Seule la maison du troisième, en brique, résistera au loup. Grâce au frère plus sérieux, les trois petits cochons seront sauvés et déjoueront les stratagèmes du loup. La version de la Warner, sans paroles, est réalisée sous forme d'un ballet, sur la musique des *Danses hongroises* de Brahms. La présentation amusante est faite par le loup lui-même. La version du Père Castor, présentée comme la lecture d'une histoire, est favorisée par rapport à l'image traditionnelle. La version de Walt Disney, très connue, reprend l'histoire en la combinant à une partie instrumentale, comme toujours chez Disney, qui donne au film le style d'une comédie musicale.
Contenu latent	Fable qui valorise le courage, le sens des responsabilités et qui fustige l'insouciance et la tromperie.
Notre avis	La version de Walt Disney (1933) est la plus connue, grâce à la chanson *Qui a peur du grand méchant loup ?* Celle du Père Castor est certainement la plus proche de l'histoire pour les petits. Celle de la Warner est moins connue. Elle propose, sur fond musical, un ballet très agréable où les mouvements des personnages se font au rythme de la partition de Brahms, ce qui donne un spectacle très divertissant pour les plus grands.

LES CONTES MERVEILLEUX *(Walt Disney Production)*	
Public	À partir de 5 ans.
Contenu manifeste	Grands classiques de la production Disney, *La Belle au bois dormant, Blanche-Neige, Cendrillon, La Petite Sirène*... sont réalisés sous forme de longs métrages qui inaugurèrent en leur temps les films d'animation longue durée. Disney donne à ces contes « un réalisme magique » digne de rivaliser avec les films d'acteurs. Sensible à la musique, Disney les a complétés d'une partition musicale importante qui donne aux différents films l'aspect d'une comédie musicale. Les récits sont proches des histoires d'origine mais, pour les besoins du visuel, Disney les a agrémentés de petits personnages, souvent des animaux, qui participent pleinement à l'évolution du conte. Les décors sont assez fouillés (surtout dans *Blanche-Neige*) et, bien que les critiques soient plus réservés pour *La Belle au bois dormant*, les héros sont suffisamment bien campés pour qu'ils laissent une trace indélébile dans la mémoire des enfants.
Contenu latent	Chaque film reprend grossièrement les symboliques sous-tendues par les contes de Grimm. Par ailleurs, l'imaginaire enfantin est fortement influencé par le conditionnement lié à la représentation universelle des personnages, ce qui permet peu de s'approprier l'histoire de manière individuelle. Cependant, les événements, bien que relatés avec une assez grande fidélité au contenu de l'histoire, sont réinterprétés par Disney à la manière américaine, qui raconte l'histoire en édulcorant souvent les problématiques ou en les rendant peu perceptibles
Notre avis	Les contes merveilleux sont faits pour être transmis oralement. Ils sont enracinés dans la culture et mettent en œuvre la capacité de rêverie de chacun. Leur mise en image est souvent bien reçue par les adultes. Leur visionnage trop précoce (avant ou remplaçant l'histoire racontée) est à éviter : elle crée une stéréotypie des représentations qui se substitue à la créativité personnelle de l'enfant.

Glossaire

Affect : expression qualitative (agréable ou pénible) d'une quantité d'énergie pulsionnelle.

Ambivalence : sentiments opposés et simultanés attribués à un même objet (par exemple l'amour et la haine).

Animisme : tendance normale, dans le développement du jeune enfant, à attribuer aux objets des qualités humaines et des intentions. Après sept ans (âge de raison), cette tendance diminue, voire disparaît.

Attraction-répulsion : mouvements contraires et ambivalents faits d'attirance et de rejet pour un même objet.

Conflit psychique : exigences contraires qui s'opposent et s'affrontent à l'interdit.

Contenu latent : ensemble de significations auxquelles aboutit l'analyse d'une production inconsciente, comme le rêve, d'une œuvre d'art ou littéraire.

Contenu manifeste : dans le rêve comme dans les productions littéraires ou artistiques, ce qui peut être relaté de manière descriptive.

Crise œdipienne : période au cours de laquelle l'enfant de trois à cinq ans présente un attachement important pour le parent du sexe opposé et un rejet du parent du même sexe. Les ressentis sont cependant beaucoup plus ambivalents, ce qui provoque chez l'enfant un sentiment de culpabilité. Cette période est fondatrice de sa personnalité et débouchera sur les identifications.

Deuil : processus par lequel un sujet accepte la perte du lien réel à un objet, ou la reconnaissance d'une désidéalisation. Le travail de deuil se fait lentement, par l'épreuve de réalité.

Éros (ou pulsions de vie) : regroupe les pulsions sexuelles et les pulsions d'auto-conservation. Elles visent à maintenir l'unité du sujet par les liens entre les représentations et les affects.

Espace transitionnel : espace psychique de représentation où le bébé projette ses propres créations devenues tolérables grâce à un contexte suffisamment sécurisant. Il est créé grâce à un maternage adéquat. Plus tard, ce sera le lieu de la créativité au sens courant du terme.

Fantasme : scénario imaginaire, conscient ou inconscient, qui figure l'accomplissement d'un désir. Il est plus ou moins déformé par les processus défensifs.

Hallucination : au contraire de l'hallucination délirante, l'hallucination gratifiante permet au bébé de différer la satisfaction pendant un laps de temps supportable (ex. : accompagner la succion à vide de la représentation du biberon en attendant que celui-ci vienne combler réellement la faim).

Holding : terme anglais emprunté à Winnicott qui, avec le *handling* et l'*object presenting*, constitue pour un bébé la manière d'être ou de se sentir porté. Le holding est satisfaisant lorsque le bébé donne des signes rassurants de bien-être, de sécurité dans ses conduites telles que alimentation, sommeil, pleurs mesurés…

Identification : processus par lequel un sujet assimile pour se transformer un aspect total ou partiel d'un autre. La personnalité se construit par une série d'identifications.

Image de soi : représentation inconsciente qu'un individu a de lui-même, non comme un reflet du réel, mais plus ou moins déformée positivement ou négativement. L'image de soi est sujette à transformation en fonction des expériences avec son entourage mais aussi d'un idéal.

Introjection : mécanisme qui consiste à s'approprier les caractéristiques d'une personne ou d'une situation en les remaniant psychiquement en fonction de sa propre personnalité.

Latence : période située entre le déclin de la crise œdipienne et le début de la puberté. Approximativement, période de la scolarité primaire. Des sentiments comme la pudeur, le dégoût, mais aussi les aspirations morales et esthétiques apparaissent. La curiosité tournée vers la culture s'intensifie avec la mise en sommeil des intérêts sexuels. Le mécanisme de défense privilégié est le refoulement.

Mécanisme de défense : opération de la vie psychique qui permet au moi de conserver son intégrité face à l'excitation interne (pulsion). Elle sert à traiter une représentation désagréable et, lorsqu'elle est efficace, réduit la tension du sujet.

Narcissisme : amour porté à l'image de soi-même.

Objet : au sens psychanalytique, l'objet est ce par quoi la pulsion cherche à atteindre la satisfaction (objet de l'amour, objet de la haine...).

Pensée hypothético-déductive : manière élaborée d'appréhender le monde environnant, par des actions sur celui-ci, à partir d'hypothèses et de vérifications qui vont permettre de déterminer des lois constantes de type mathématique.

Psyché : espace des pensées contenant les émotions, les conflits internes ainsi que la capacité à créer des liens entre les situations et à se les remémorer.

Pulsion : processus dynamique qui fait tendre l'organisme vers un but. Elle a une source, un objet, un but.

Représentation : contenu d'un acte de pensée et reproduction d'une perception antérieure. La représentation mentale entre dans les processus de mémorisation.

Rêverie : rêve diurne ou fantasme. La rêverie est un scénario plus ou moins conscient, constituant l'accomplissement d'un désir. On en retrouve des traces déguisées ou non dans les rêves et les cauchemars.

Roman familial : construction fantasmatique par laquelle le sujet modifie imaginairement les liens à ses parents (enfant trouvé, famille illustre…).

Stade du miroir : terme de Lacan désignant la phase de constitution de l'être humain qui se situe entre six et dix-huit mois. Elle permet l'unification de l'image du corps par identification à l'image du semblable comme forme totale. Elle s'illustre par la perception pour l'enfant de sa propre image dans un miroir.

Surmoi : il se constitue par l'intériorisation des exigences et interdits parentaux (après le complexe d'Œdipe).

Thanatos (ou pulsions de mort) : regroupe les pulsions dites d'agression et de destruction, tournées vers l'intérieur ou l'extérieur.

Toute-puissance : terme qualifiant la pensée infantile avant la résolution du complexe d'Œdipe : l'enfant est dans la croyance que ce qu'il désire correspond à la réalité. Dans le langage courant, on dit qu'il affabule.

Bibliographie

ALLARD Claude, *L'Enfant au siècle des images*, Albin Michel, 2001.

AUZEL Dominique, *Émile Reynaud et l'image s'anima*, Dreamland, 1998.

BACQUÉ Marie-Frédérique, *Le Deuil à vivre*, Odile Jacob, 1992.

BALLEYGUIER Geneviève, *Le Développement émotionnel et social du jeune enfant*, PUF, 1996.

BARTHES Roland, *La Chambre claire*, Gallimard, 1980.

BATON-HERVÉ Élisabeth, *Les Enfants téléspectateurs, programmes, discours, représentation*, L'Harmattan, 2000.

BELMONT Nicole, *Comment on fait peur aux enfants*, Mercure de France, 1999.

BERNIS Jeanne, *L'Imagination*, coll. « Que sais-je ? », PUF, 1985.

BETTELHEIM Bruno, *Psychanalyse des contes de fées*, Hachette Pluriel, 1998.

BOBIN Christian, *Tout le monde est occupé*, Mercure de France, 1999.

BONNET Gérard, *La Violence du voir*, coll. « Bibliothèque de psychanalyse », PUF, 1996.

CALVINO Italo, *Leçons américaines*, Gallimard, 1989.

CARRIER Jean-Pierre, GAUTELIER Christian, *Le Petit Écran des enfants*, Actes Sud, 2000.

COLLECTIF, *Destins de l'image*, *Nouvelle revue de psychanalyse* n° 44, Gallimard, automne 1991.

COUVREUR Catherine, FINE Alain, LE GUEN Annick (sous la dir.), *Le Double*, Monographies de la *Revue française de psychanalyse*, PUF, 1997.

CYRULNIK Boris, *Un merveilleux malheur*, Odile Jacob, 1999.
DEBRAY Rosine, *Clinique de l'expression somatique, psychanalyse des liens psyché-soma*, Delachaux et Niestlé, 1996.
EISENSTEIN Sergueï, *Walt Disney*, Circé, 1991.
FINCH Christopher, *L'Art de Walt Disney, de Mickey à Mulan*, La Martinière, 1999.
FOURGNAUD Agathe, *La Confusion des rôles*, Lattès, 1999.
FRAU-MEIGS Divina, JEHEL Sophie, *Les Écrans de la violence*, Économica, 1997.
FREUD Anna, *Le Moi et les Mécanismes de défense*, coll. « Bibliothèque de psychanalyse », PUF, 1993.
FREUD Sigmund, *L'Inquiétante Étrangeté et autres essais*, coll. « Folio », Gallimard, 1985.
FREUD Sigmund, *Le Rêve et son interprétation*, Gallimard, 1985.
FREUD Sigmund, *Totem et tabou*, Gallimard, 1993 ; Payot, 1997.
GILLIBERT Jean, « Image et contre-image » in *L'image monographie*, n° V, centre de psychanalyse Evelyne et Jean Kestemberg, 1995.
GREIG Philippe, *L'Enfant et son dessin, naissance de l'art et de l'écriture*, Erès, 2000.
JUNG Carl, *Métamorphoses de l'âme*, Buchet-Chastel, 1953.
LABBÉ Brigitte, PUECH Michel, *Pour de vrai, pour de faux*, coll. « Les goûters philosophiques », Milan, 2000.
LEMAIRE Jean-Georges, *Famille, amour, folie : lecture et traitement psychanalytique des liens familiaux*, coll. « Paidos », Bayard-Centurion, 1989.
LEPASTIER Samuel, « Quando il bambino preme il bottone », *Atti del Coloquio « Il Bambino on-off »*, Castilion-Cello, Roma, Associazione dei genitori democratia, 1993.
LEPASTIER Samuel, « Repetition is the Opposite of an Artistic Creation », pp. 71-76, *Violence on the Screen and Rights of the Child*, Lund, éditions suédoises de l'Unesco, 1996.
LEPASTIER Samuel, « L'investissement de l'image, aperçu psychanalytique », pp. 99-120, *Image et Violence*, BPI en Actes, Paris, Centre-Pompidou, 1997.
LURÇAT Liliane, *Des enfances volées par la télévision, le temps prisonnier*, François-Xavier de Guibert, 2000.
OCELOT Michel, *Princes et princesses*, Seuil Jeunesse, 2000.
PINEL Vincent, *Techniques du cinéma*, coll. « Que sais-je ? », PUF, 1985.

PROPP Vladimir, *Morphologie du conte*, coll. « Points essais » n° 12, Seuil, 1970.

PROUST Marcel, *Un amour de Swann*, Gallimard, 1976.

SAINT-EXUPÉRY, Antoine de, *Le Petit Prince*, Gallimard, 1987.

SARTRE Jean-Paul, *Les Mots*, Gallimard, 1983.

SPITZ René, *De la naissance à la parole*, PUF, 1968.

TISSERON Serge, *Secrets de famille, mode d'emploi*, coll. « Parole ouverte », Ramsay, 1996.

TISSERON Serge, *Comment l'esprit vient aux objets*, Aubier, 1999.

TISSERON Serge, *Enfants sous influence, les écrans rendent-ils les jeunes violents ?*, Armand Colin, 2000.

TISSERON Serge, *Psychanalyse de l'image, des premiers traits au virtuel*, Dunod, 1995.

TOURNIER Michel, *Le Vent Paraclet*, Gallimard, 1977.

WINNICOTT Donald, *Jeu et réalité, l'espace potentiel*, Gallimard, 1971.

WINNICOTT Donald, *De la pédiatrie à la psychanalyse*, Payot, 1969.

WUNENBURGER Jean-Jacques, *Philosophie des images*, coll. « Thémis-Philosophie », PUF, 1997.

Remerciements

Je tiens à exprimer ma gratitude toute particulière à Claire Landry, Samuel Lepastier, Dominique Marny, Michel Ocelot, Agnès Puyraveau, Thierry Sorel, Jean Sultra, Pierre-Clément Thiebaud, Catherine Thirouard, Catherine Weismann-Arcache et tous les enfants qui m'ont aidée dans ce travail.

Composé par Nord Compo
à Villeneuve-d'Ascq

Impression réalisée sur Presse Offset par

BRODARD & TAUPIN

GROUPE CPI

25168 – La Flèche (Sarthe), le 18-08-2004
Dépôt légal : août 2004

POCKET – 12, avenue d'Italie - 75627 Paris cedex 13
Tél. : 01.44.16.05.00

Imprimé en France